Schlink | 20. Juli

Theater der Gegenwart

Bernhard Schlink

20. Juli

Ein Zeitstück

Nachwort und Anmerkungen
von Sascha Feuchert

Reclam

RECLAMS UNIVERSAL-BIBLIOTHEK Nr. 14465
2024 Philipp Reclam jun. Verlag GmbH,
Siemensstraße 32, 71254 Ditzingen

Lizenzausgabe mit freundlicher Genehmigung
der Diogenes Verlag AG Zürich

Gestaltung: Cornelia Feyll, Friedrich Forssman
Druck und Bindung: Esser printSolutions GmbH,
Untere Sonnenstraße 5, 84030 Ergolding
Printed in Germany 2024

ISBN 978-3-15-014465-7

www.reclam.de

20. Juli. Ein Zeitstück

Personen

ESTHER, 18 Jahre
FABIAN, 18 Jahre
MARIA, 20 Jahre
NIKLAS, 21 Jahre
PAUL, 22 Jahre
} fünf Abiturienten

ULRICH GERTZ, 33 Jahre, ihr Lehrer
DER ALTE, 72 Jahre, Großvater von Fabian
RUDOLF PETERS, 34 Jahre, Politiker der Deutschen Aktion

Szene 1.1

Fünf Stühle, die Lehnen dem Publikum zugewandt, dahinter, den Sitz dem Publikum zugewandt, ein einzelner Stuhl – ein Klassenzimmer. Die Schüler und Schülerinnen Esther, Fabian, Maria, Niklas und Paul stehen beisammen und sind im Gespräch. Am Rand der Bühne steht Peters, ein attraktiver deutscher Kennedy in Jeans, offenem Hemd und Jackett; er ist während des ganzen Stücks dabei, stehend, auf und ab gehend, beobachtend, mal amüsiert, mal verwundert, mal irritiert, und wenn von ihm die Rede ist, springt er ein und spricht.

ESTHER. 37 Prozent für die Deutsche Aktion, 37 Prozent! Hätte einer von euch das für möglich gehalten?

NIKLAS. Ich habe schon vor Wochen gesagt, dass die DA die Landtagswahl gewinnt.

ESTHER. Aber nicht so. Nicht vor der CDU mit 21 Prozent, Linken und Grünen mit 16 und 13 und SPD mit 7.

NIKLAS. Und dass wir eine Koalition von DA und CDU kriegen, hätte auch ich mir nicht träumen lassen. Nur weil die DA der CDU den Posten des Ministerpräsidenten lässt, der große Koalitionspartner dem kleinen, und Carsten bleiben darf.

FABIAN. Das war Peters. Er hat Carsten in die Koalition gelockt. *(Er imitiert Peters.)* »Im Dienst an Deutschland …«

PETERS *(tritt vor)*. Im Dienst an Deutschland kennen wir nicht große und kleine Partner, nur Partner und Gegner, und unter Partnern macht jeder, was er gut kann. Herr Carsten, Sie können Ministerpräsident, mit uns können

Sie es noch besser. *(Peters geht wieder an den Rand der Bühne.)*

NIKLAS. Klingt gut – die Leute mögen das. Als gehe es ihm nicht um Posten, sondern um die Sache.

FABIAN. Es geht ihm um die Sache. Seine Sache ist der Bund, das Land ist ihm egal. Nach diesem Wahlkampf und diesem Wahlsieg wird er beim nächsten Bundesparteitag Bundesvorsitzender und Spitzenkandidat, und bei der nächsten Bundestagswahl ist die Wirtschaft weiter geschrumpft und die Arbeitslosigkeit weiter gewachsen und sind wir mitten in der Rezession und bringt er die DA mindestens gleichauf mit der CDU/CSU.

PAUL. Ich habe ihn im Interview gesehen. Der Mann ist gut – nach Bedarf ernst, witzig, dramatisch, ironisch und immer schlagfertig. Den Nazi-Jargon der DA hat er der Journalistin so beiläufig gefüttert, dass die sich gar nicht mehr empörte.

ESTHER. Ich mochte am Abend nicht mehr fernsehen.

FABIAN. Die deutsche Fox, unser neuer Sender, hat gestern ein Porträt von Peters gebracht. Wusstet ihr, dass Rudolf Peters ein Ururenkel von Carl Peters sein soll, dem Begründer von Deutsch-Ostafrika? Er kann für seinen rassistischen und kolonialistischen Ururgroßvater nichts, aber ist es nicht hübsch?

ESTHER. Hübsch?

FABIAN. Er war bei der Bundeswehr und ist Leutnant geworden, hat Grundschullehrer studiert und war, so hieß es, ein erfolgreicher Lehrer an einer dieser failed schools in Kreuzberg. Wie er zu den Rechten und zur Deutschen Aktion fand, ist ein Geheimnis – oder sie machen eines draus. Er tauchte auf dem Landesparteitag der DA wie aus dem Nichts auf, ein heller Komet am Nachthimmel, und hielt eine Rede, wie man bei der DA noch keine gehört hatte. Die Delegierten haben gejubelt und ihn gegen alle vorherigen Absprachen zum Landesvorsitzenden und Spitzenkandidaten gekürt. Die Delegierten werden auch beim Bundesparteitag jubeln.

NIKLAS. Es war schon übel, als alle Rechten Dumpfbacken waren. Dann gab's auf einmal rechte Intellektuelle …

FABIAN. … die sich links nicht mehr wichtigmachen konnten …

NIKLAS *(zuckt die Schultern)*. … und es wurde schlimmer. Immerhin machten sie nichts her und blieben unter sich. Jetzt haben wir einen Rechten mit Charisma, und es ist richtig übel.

FABIAN. Statt der bräsigen alten Säcke und schrillen Weiber …

MARIA. Schrille Weiber?

FABIAN. Weibliche Schreihälse, männliche Schreihälse, bräsige alte Säcke – was von der DA derzeit in den Parlamenten sitzt, sind Jammergestalten, die in den anderen Parteien nichts geworden sind. Statt ihrer kriegen wir jetzt junge Leute, gescheit, opportunistisch, skrupellos, ehrgeizig. Nirgendwo macht man so schnell und steil politische Karriere wie bei der DA. Und Peters ist das Vorbild.

ESTHER. Als ich mir in Leipzig die Uni angeschaut habe, bin ich auf dem Rückweg zum Bahnhof in eine Demonstration mit ihm geraten. Bei ihm klingt das alles nicht mehr gestrig: Festung Europa, Europa der Nationen, deutsche Sprache, deutscher Boden, deutsche Art, keine Kopftücher, keine Minarette. Und er redet von einer neuen Demokratie, in der nicht nur alle vier Jahre gewählt wird, sondern in der die, die Verantwortung tragen, mit denen, für die sie sie tragen, über Versammlungen, Kundgebungen, Abstimmungen in ständigem Kontakt stehen. Hat er auf der Pressekonferenz auch wieder von Russland geredet?

FABIAN. Von unseren russischen, polnischen, ungarischen und österreichischen Freunden. Mit denen wir das neue Europa, die neue Demokratie bauen und es mit der amerikanischen und der chinesischen Herausforderung aufnehmen.

NIKLAS. Ja, so redet er.

FABIAN. Es ist das neue Modell. Ein starker Führer und ein Volk, das gelegentlich Beifall klatschen darf. Die Chinesen, die Russen, die Polen, die Ungarn haben es, Amerika ist noch mal dran vorbeigeschrammt – bis zum nächsten Trump. Mit Peters wird es das Modell für Deutschland.

Szene 1.2

Der Lehrer Ulrich Gertz, groß, schlank, sportlich, gutaussehend, kommt rein, legt seine Mappe neben seinen Stuhl. Die Schüler und Schülerinnen setzen sich.

GERTZ. Das ist die letzte Stunde, bevor Sie die Schule mit dem Abitur verlassen. Zwei Jahre lang haben wir zusammengearbeitet. Sie waren mein erster Leistungskurs Geschichte, Sie waren, vielleicht weil ein paar von Ihnen schon älter sind, besonders interessiert und engagiert, es hat mir mit Ihnen Spaß gemacht, und ich danke Ihnen für Ihre Teilnahme. Wir haben uns lange mit dem Nationalsozialismus beschäftigt, und der Zufall will, dass die letzte Stunde auf den 20. Juli fällt.

NIKLAS. In der Geschichte gibt es keine Zufälle. Haben Sie das nicht gesagt?

GERTZ *(lacht)*. Dann erklären Sie's mir. Warum fällt die letzte Stunde auf den 20. Juli?

FABIAN *(ironisch)*. Damit Sie uns zum Abschied noch mal daran erinnern können, dass wir uns für das Gute einsetzen und dem Bösen widerstehen sollen, wie Graf von Stauffenberg.

PAUL *(ebenfalls ironisch)*. Nicht für die Schule lernen wir, sondern fürs Leben.

ESTHER. Warum die Ironie?

FABIAN. Weil es hier nichts zu lernen gibt. Das ganze letzte Jahr haben wir über den Nationalsozialismus geredet, über Hitlers willige Schergen, über die verhetzten und verblendeten Mitläufer, über die, die etwas hätten ändern können, aber zu feige waren. Und über die Lichtgestalten des Widerstands, die uns Vorbild und Ansporn sein sollen. Von denen wir lernen sollen. Stauffenberg, Moltke, Schlabrendorff, Schulze-Boysen, Harnack, Elser, die Geschwister Scholl – die lange Liste. Was haben sie erreicht? Nichts. Von ihnen lernen? Loser werden wie sie?

ESTHER. Loser? Ist das dein Ernst? Warum kommst du damit erst jetzt?

FABIAN. Ich wollte es mit ihm *(Er zeigt mit dem Kopf zu Gertz.)* nicht verderben. Er mag mich nicht. Er mag die Lichtgestalten.

ESTHER. Die Loser haben mit dem Leben bezahlt.

PAUL. Na und? Jeden Tag bezahlen Menschen auf den Straßen mit dem Leben. Menschen, die nichts Böses wollen, nur Gutes: zur Arbeit fahren, nach Hause kommen, die Kinder abholen, die Eltern besuchen. Mit dem Leben bezahlen beweist gar nichts.

GERTZ. Was beweist was?

PAUL *(von Gertz' Frage genervt)*. Was beweist was? Herr Gertz, die Frage ist, ob der Umstand, dass jemand mit dem Leben bezahlt, den Wert dessen beweist, wofür er mit dem Leben bezahlt.

(Alle sehen Gertz an und warten auf seine Antwort.)

GERTZ *(langsam)*. Dass der Widerstand richtig war, brauchte nicht den Preis des Lebens als Beweis. Ob die Männer und Frauen des Widerstands hingerichtet wurden oder überlebt haben – sie haben das Richtige getan. Es geht beim Opfer des Lebens nicht um einen Beweis, eher um eine Beglaubigung. Die Beglaubigung, dass der aufrechte Gang, die moralische Integrität, die menschliche Würde wichtiger sind als alles andere. Deshalb achten wir die Widerständler.

FABIAN. Ich hätte Achtung vor ihnen, wenn ihr Widerstand was gebracht hätte. Wenn Stauffenberg nicht gegangen wäre und darauf vertraut hätte, es werde schon klappen, sondern mit der Bombe bei Hitler geblieben und mit der Bombe und Hitler hochgegangen wäre. Wenn Elser nicht einen Zeitzünder benutzt, sondern sein Leben drangegeben, sich im Gebäude versteckt und selbst die Bombe gezündet hätte. Aber was soll's – Stauffenbergs Erfolg wäre ohnehin zu spät gekommen. Zu spät für Millionen Juden, Polen, Russen – und Deutsche. Und wenn Elser Erfolg gehabt hätte, hätten Göring und

Goebbels und die Wehrmacht vermutlich auch ohne Hitler Krieg angefangen.

GERTZ. Wir dürfen die Bedeutung der Gesten des Widerstands nicht unterschätzen. Wir könnten die Jahre von 1933 bis 1945 nicht in unsere Geschichte integrieren, wenn es nicht die Gesten des Widerstands gegeben hätte, kluges und mutiges Handeln unter Einsatz des Lebens. Erfolg ist nicht alles.

PAUL. Gut gemeint ist auch daneben. Die gute Absicht genügt bei Kindern. Erwachsene müssen's bringen.

NIKLAS. Die Jahre von 1933 bis 1945 in unsere Geschichte integrieren? Mich interessiert doch nicht, wie sich unsere Geschichte gefällig schreiben lässt. Mich interessiert, was war und warum es so war und wie es anders und besser hätte laufen können. Damit ich weiß, wie es heute anders und besser laufen kann. Was ich anders und besser machen kann. Warum sollen wir uns sonst mit Geschichte beschäftigen?

FABIAN. Aus der Geschichte lernen – haben Sie uns das nicht ständig gepredigt?

ESTHER. Wenn schon Elser zu spät dran war und Stauffenberg erst recht – wann hätte das Attentat passieren müssen? Am 20. Juli 1933?

GERTZ. Hitler umzubringen war nicht die einzige Geste des Widerstands, die Wert hatte. Aber wenn Sie schon fragen …

MARIA *(unterbricht)*. Der aufrechte Gang, Zivilcourage, Widerstand – alles, wovon Sie immer geredet haben, sind nur Gesten?

GERTZ *(zunächst unsicher, ob er Esther oder Maria antworten soll, wendet sich dann, weil ihm die Antwort leichter fällt, Esther zu).* Nach der Machtergreifung war Hitler so abgeschirmt, dass ein Attentat praktisch unmöglich war. Der Attentäter hätte zu seiner Entourage gehören müssen, und die bestand aus den Getreusten der Getreuen. Also kein Attentat am 20. Juli 1933. Am 20. Juli 1932 … *(Er überlegt.)*

NIKLAS. Am 20. Juli 1932 standen die Reichstagswahlen bevor, und Hitler flog von Rede zu Rede und sprach vor Zehntausenden. Auch am 20. Juli 1932 hätte man ihn nicht mehr erschießen können. Am 20. Juli 1931 war Hitler in Franken und hat Reden zum Young-Plan und zum Hoover-Plan gehalten, noch nicht vor Tausenden, sondern noch vor Hunderten.

GERTZ *(mit erstaunter Bewunderung).* Sie kennen sich aber aus! Ja, am 20. Juli 1931 gab es noch eine Chance. Nach den Reden wird Hitler auf der Straße oder im Hotel nicht so gesichert gewesen sein, dass man ihn nicht hätte erschießen können. Man wäre gefasst und vor Gericht gestellt oder gleich von seinen Anhängern erschlagen worden. Aber danach haben Sie nicht gefragt.

FABIAN. Also hätte man am 20. Juli 1931 handeln müssen. Hätten Sie es getan?

GERTZ. Was ist denn das für eine Frage!

FABIAN. Eine einfache Frage. Hätten Sie Hitler am 20. Juli 1931 erschossen, wenn Sie gekonnt hätten?

GERTZ *(schweigt lange, spricht schließlich zögernd).* Das ist eine schwierige Frage. Man bringt nicht so einfach jemand um. Und man hat damals doch noch gar nicht gewusst …

FABIAN. Nehmen Sie an, Sie hätten gewusst, was kommen würde.

GERTZ. Wenn man es gewusst hätte … Aber es war noch weit weg. Das Strafrecht und das Völkerrecht erlauben kein präventives Zuschlagen. Und der Mut … wenn das Furchtbare noch weit weg ist, wenn man es zwar schon weiß, aber noch nicht spürt … hat man den Mut zum Handeln nicht erst, wenn man das Furchtbare vor sich hat?

MARIA. Man? Fabian fragt Sie nicht, wie es *man* geht. Er fragt Sie, ob *Sie* den Mut gehabt, ob *Sie* geschossen hätten.

GERTZ. Ich kann darauf nicht so schnell antworten.

MARIA. Nein? Sie waren doch immer so sicher, dass die Deutschen mehr Mut hätten zeigen müssen, mehr Zivilcourage. Und dass wir daraus lernen müssten.

FABIAN. Er denkt bei Zivilcourage an '68, als die Studenten Professoren beleidigt und Nazis entlarvt haben. Und an Stolpersteine setzen und Müll trennen. Er findet sich schon mutig, wenn er *(Mit theatralischer Stimme.)* vom Schoß redet, der noch fruchtbar ist.

ESTHER. Du bist nicht fair.

FABIAN. Aber ich habe recht.

Szene 1.3

Esther und Niklas sitzen auf einer Bank.

NIKLAS. Wir fangen beide im Herbst in Leipzig an – ziehen wir dort zusammen?

ESTHER. Du bist in mich verliebt, ich nicht in dich – das geht nicht gut.

NIKLAS *(lacht)*. Du weißt es nur noch nicht. Wenn wir erst mal von hier weg sind – du kannst nicht ewig für deinen verheirateten Lehrer schwärmen.

ESTHER. Ich schwärme nicht für Uli. Ich liebe ihn, und er liebt mich. Wenn er nicht mehr mein Lehrer ist und ich nicht mehr seine Schülerin bin, machen wir's öffentlich.

NIKLAS. Er hat zwei kleine Kinder.

ESTHER. Ich erwarte ein Kind von ihm.

NIKLAS *(fassungslos)*. Du …

ESTHER. Ich habe gerade erst den Test gemacht. Er weiß es noch nicht, niemand weiß es, du bist der Erste, dem ich es sage.

NIKLAS. O Esther. Er wird dir wehtun. Er ist ein Feigling.

ESTHER. Er ist kein Feigling. Fabian kann ihn nicht leiden und war gemein zu ihm, und Uli war zu vornehm zurückzuschlagen. Er macht es sich mit schwierigen Fragen nicht einfach – ich mag das.

NIKLAS. Er wird es sich auch mit dir und seiner Frau und seinen Kindern nicht einfach machen. Er wird nachdenken und herausfinden, dass seine Frau und seine Kinder ihn brauchen. Dass er für sie verantwortlich ist. Für das Kind, das du bekommst, bist du verantwortlich, du hast nicht verhütet, du hast ihn reingelegt. Die sozialen Kosten …

ESTHER. Was bist du für ein Zyniker! Du siehst Uli falsch, weil du eifersüchtig bist. Er ist sensibel, bedachtsam, und er ist mutig – er ist beim Historikertag aufgestanden und hat gefordert, dass Werner Henze endlich die Ehrenpräsidentschaft aberkannt wird.

NIKLAS. Was auch sofort geschah. Wenn heute jemand so

was fordert, geschieht es. Wer damals etwas war, ist kontaminiert und wird vom Sockel gestoßen, ob er ein übler Nazi war oder nur ein Kind seiner Zeit.

ESTHER. Immerhin ist Uli aufgestanden.

NIKLAS. Es hat ihn nichts gekostet. Es kostet heute nichts mehr, gegen Nationalsozialismus oder Kommunismus aufzustehen. Aufrechter Gang, Zivilcourage, Widerstand – wenn sie nichts kosten, sind sie nichts wert. Wenn Gertz davon redet, ist es nur Gerede. Gerede, bei dem er sich auch noch mutig fühlt.

ESTHER. Wie willst du das wissen?

NIKLAS. Ach, Esther! Weil mein Vater kein Abitur gemacht hat, musste ich eine Banklehre machen, ehe ich das Abitur machen durfte. Ich habe sie in der Bank kennengelernt: die Opportunisten, die Karrieristen, die Feiglinge, und ich war selbst nicht mutig genug, meinen Vater und die Bank zum Teufel zu schicken, zu Hause auszuziehen und auf der Schule zu bleiben. Jetzt, wo er mich nicht Geschichte studieren lassen will, sondern Betriebswirtschaft, habe ich endlich geschafft, mit ihm zu brechen. Und mit Mutter, die mich nicht versteht, weil Vater doch nur mein Bestes will. Ich kenne Feigheit, ich habe sie bei anderen kennengelernt und bei mir selbst. Wenn du Gertz' große Liebe wärst und er nur den Skandal vermeiden wollte, hätte er immerhin schon mal mit Frau und Kindern reinen Tisch gemacht und wäre ausgezogen.

ESTHER *(nachdenklich, zögernd, um Verständnis für Gertz werbend)*. Mut ist nicht leicht.

NIKLAS. Nein, Mut ist nicht leicht. Und Gertz hat schon recht: Jetzt handeln, damit in ferner Zukunft das Furchtbare abgewendet wird, fällt besonders schwer. Deshalb ruiniert der Raucher seine Lunge und der Alkoholiker seine Leber und wir unser Klima. Jetzt das Leben für die ferne Zukunft riskieren, jetzt schießen und womöglich erschossen werden, damit Hitler Jahre später keinen Krieg anfängt und keine Juden ermordet, erfordert viel Mut.

ESTHER. Kann man Mut lernen?

NIKLAS. Mutliegestützen und Mutkniebeugen nach dem Aufstehen? Einmal die Woche Mutjoggen? *(Er zuckt die Schultern.)* Ich weiß nicht, Esther. Ich kann mir vorstellen, dass jede Angst, die man überwindet, einen ein bisschen mutiger entlässt. Der Mut jetzt, damit in ferner Zukunft …

ESTHER. Gertz hat was vom Verbot des präventiven Zuschlagens gesagt. Ich habe gelesen, dass die Frau, die ihren Mann im Schlaf umbringt, damit er sie am nächsten Tag nicht wieder schlägt, in Notwehr handelt – jedenfalls sehen es viele Juristen so. Ich habe auch gelesen, dass immer mehr Staaten präventive Verteidigungskriege völkerrechtlich akzeptieren.

NIKLAS. Gertz weiß nicht alles.

ESTHER. Blödmann. Ich will nur sagen, dass ich das alles interessant finde und mich aufs Studium freue.

NIKLAS *(steht auf, geht Esther gegenüber in die Hocke, fasst ihre Arme)*. Du Jura und ich Geschichte – es würde uns miteinander nie langweilig werden. Hast du Angst, dass ich dich ständig mit traurigem Hundeblick anschaue und dir die Laune verderbe? So bin ich nicht. *(Er schüttelt den Kopf.)* So bin ich nicht. Zusammenwohnen macht mehr Spaß als alleine. Du denkst doch nicht, dass Gertz

Frau und Kinder verlässt und mit dir nach Leipzig zieht!

ESTHER *(legt die Arme um ihn und gibt ihm einen Kuss auf die Wange)*. Ich denke darüber nach. Du kommst heute Abend zu Fabian? Obwohl auch Gertz kommt? Wer weiß, wann wir in unserer Runde wieder zusammen sind.

Szene 1.4

Maria kniet mit tränenüberströmtem Gesicht neben einem Hund, der am Rand einer Straße liegt, und bettet ihn besser. Paul kommt auf dem Fahrrad, steigt ab, legt das Fahrrad auf den Boden und beugt sich neben Maria zum Hund herab.

PAUL *(sanft)*. Er ist tot, Maria. Du kannst nichts mehr für ihn tun. Soll ich dir helfen, ihn zu begraben?

MARIA. Er ist auf ihn losgefahren. Er muss ihn gesehen haben. Er muss es gespürt haben, als er ihn angefahren hat. Er ist einfach weitergefahren.

PAUL. Hast du das Kennzeichen gesehen?

MARIA. Der dumpfe Schlag, als er ihn angefahren hat ... Es war da vorne, der Aufprall hat den Hund hierher geschleudert. Ein kleines Japsen ... das Blut aus dem Maul ... *(Sie schüttelt den Kopf.)* Ich habe auf das Kennzeichen nicht geachtet.

PAUL *(sieht sich um)*. Ob der Hund zum Haus da hinten gehört?

MARIA. Warum macht einer so was? Es war ein junger

Kerl, so viel habe ich gesehen, ein junger Kerl mit Baseballmütze. Warum?

PAUL. Ich weiß nicht, Maria. Oder ich weiß es so gut wie du. Es gibt eben solche Menschen.

MARIA *(wischt sich die Tränen aus dem Gesicht).* Geh zum Haus und frag.

(Paul richtet sich auf und geht. Maria setzt sich auf den Bordstein.)

MARIA *(langsam, mit vielen Pausen).* Soll ich mir sagen, dass du einen guten Tod hattest? Plötzlich und schmerzlos, gerade noch gelebt und gerannt und gebellt und dann nichts mehr? Ist schlimm gar nicht dein Tod, sondern der Kerl? Aber wie kann der Kerl schlimm sein, wenn dein Tod es nicht ist? Seit den Jahren im Krankenhaus weiß ich nicht mehr, was ich vom Tod halten soll. Wie oft habe ich damals gedacht, ich müsste sterben. Oder die junge Frau im Bett neben mir oder die alte im Zimmer nebenan. Es war immer ein Hin und Her, heute noch sterben oder erst morgen, und am nächsten Tag wieder heute noch oder erst morgen. Der Tod war der Gevatter, von dem die Märchen erzählen. Mit dem man lebt und redet und feilscht, mal noch ein bisschen mehr Leben, mal ein bisschen weniger. Gevatter Tod. Warum macht mich der tote Hund so traurig? Ich will Medizin studieren und breche in Tränen aus, wenn ich einen toten Hund sehe. Ich weine überhaupt zu oft. *(Sie weint wieder.)* Ich bin allem so ausgeliefert, allem Schlimmen und Traurigen und Ungerechten, das ich sehe und höre und woran ich nichts ändern kann. Die anderen lassen die Welt nicht so nahe an sich rankommen. Wie schaffen sie das? Wie lerne ich das?

PAUL *(kommt zurück, ein Tuch in der Hand, und setzt sich neben Maria auf den Bordstein)*. Turko. Er gehört der Frau, die in dem Haus wohnt. Sie sitzt im Rollstuhl und kann ihn nicht holen. Ihr Sohn kommt erst am Abend. Sie fragt, ob wir den Hund bringen und in ihrem Garten ablegen können. Sie hat mir das Tuch mitgegeben. *(Paul sieht, dass Maria wieder geweint hat, und legt den Arm um ihre Schulter.)* Er war alt, hat sie gesagt, und dass er nicht mehr lange zu leben hatte. Sie war traurig, aber ganz ruhig.

MARIA. Wie schafft ihr das?

(Paul sieht Maria fragend an.)

MARIA. Wie schafft ihr das, die Dinge nicht an euch rankommen zu lassen? Die schlimmen Dinge, die traurigen, die ungerechten? Die nie mehr gut werden?

PAUL. Alles nimmt ein gutes Ende – wenn du nur zu warten weißt.

MARIA. Du mit deinen Sprüchen!

PAUL. Ist nicht von mir. Ist von Tolstoi. Ich bewundere, wie du die schlimmen Dinge an dich rankommen lässt.

MARIA. Da gibt es nichts zu bewundern. Als ich die Tuberkulose hatte und die Medikamente nicht vertrug und es nicht besser wurde, sagte mir die Ärztin, dass ich die Krankheit annehmen muss, um gegen sie kämpfen zu können. Zuerst habe ich sie nicht verstanden. Aber wenn du liegst und liegst, hast du Zeit zum Nachdenken. Sie hatte recht, ich musste die Tuberkulose kennenlernen, nicht was im Internet über sie zu lesen ist, sondern in mir. *(Sie legt die Hand auf ihre Brust.)* Aber jetzt erreicht mich alles da drin, *(Sie schlägt mit der Hand auf ihre Brust.)* ob ich will oder nicht.

PAUL. Ich bewundere auch, wie du über dich reden kannst. Ich kann nicht einmal so über mich denken. Und die schlimmen Dinge – ich laufe vor ihnen davon. Ich spiele Hockey und mache Musik und lerne Chinesisch und arbeite, damit meine Tage voll sind. So sehe ich die schlimmen Dinge nicht. Manchmal sehe ich sie doch, und wenn ich was tun könnte, würde ich's tun, aber ich kann nichts tun. Also packe ich weiter meine Tage voll.

MARIA. Du hast heute Morgen gesagt, dass die gute Absicht nur bei Kindern genügt. Dass bei Erwachsenen nur der Erfolg zählt.

PAUL. Ja.

MARIA. Und wenn ich keinen Erfolg habe? Wenn ich zu ängstlich bin, die entschlossene, zupackende Ärztin zu werden, die ich werden will?

PAUL. Angst habe ich auch. Wenn einer keine Angst hat, hat er keine Phantasie.

MARIA *(lacht)*. Von wem ist der?

PAUL. Kästner.

MARIA. Er hat seine Mutter sehr geliebt. Ist deine nicht gestorben, als du noch ein Kind warst?

PAUL. Ich war fünf. Ich würde mich gerne an sie erinnern, aber ich erinnere mich nicht an sie. Ich erinnere mich an ihre Schwester, die sich um meine Geschwister und mich kümmerte, weil sie hoffte, mein Vater würde sie heiraten. Als sie nach Jahr und Tag merkte, dass er nicht daran dachte, ging sie. *(Er lacht.)* Dann haben wir uns selbst erzogen, mal hat die Putzfrau geholfen, mal ein Kellner oder eine Kellnerin. Mein Vater hatte ein Restaurant; in dem haben wir Kinder gegessen. Später wurde er Bauunternehmer, und als es gut lief, stellte er eine Haushälterin ein. Aber da waren wir schon ziemlich groß. *(Er lacht noch mal.)* Hat nicht so toll geklappt mit dem Selbsterziehen; ich bin zwei Mal sitzengeblieben, und meine Schwester trinkt.

MARIA. Hättest du Hitler 1931 erschossen?

PAUL. Was?

MARIA *(langsam)*. Heute Morgen, als es bei Gertz darum ging, stellte ich mir vor, wie Hitler nach einer Rede ins Restaurant geht und am Tisch sitzt und isst, ich habe mal gelesen, er mochte Leberknödel, und dann fällt der Schuss, und sein Kopf sinkt in den Teller, in die halb gelöffelte Brühe mit dem halb gegessenen Knödel.

PAUL *(lacht)*. Hätte man warten sollen, bis er die Suppe ausgelöffelt hat? Die Henkersmahlzeit vor der Hinrichtung?

(Maria schüttelt stumm den Kopf.)

PAUL. Ich verstehe schon. Du meinst, dass er doch auch ein Mensch war. *(Er schweigt eine Weile.)* Aber was hilft das?

MARIA. Hättest du den Mut gehabt? Den Mut zu wissen, dass es geschehen muss? Dass es jetzt geschehen muss, damit Jahre später … Und dann den Mut, es zu tun?

PAUL. Ich weiß nicht, Maria. Ich hätte es jedenfalls nicht alleine tun wollen.

MARIA. Geht es alleine nicht am besten? Wenn es niemand gibt, auf den du dich verlassen musst, aber vielleicht nicht verlassen kannst, niemand, den plötzlich der Mut verlässt?

PAUL. Und wenn dich der Mut verlässt? Wenn du Angst kriegst? Ist nicht gut, wenn dann noch jemand da ist?

MARIA. Ja, die Angst. Vielleicht hat man, wenn man Hitler erschossen hat, nie wieder Angst.

PAUL *(steht auf und reicht Maria die Hand).* Du gehst auch zu Fabian?

(Maria nickt.)

PAUL *(hüllt den Hund in das Tuch).* Lass uns den Hund zum Haus bringen und gehen.

Szene 2.1

In der Mitte der Bühne steht, mit der Rückseite zum Publikum, ein Fernsehapparat. Aus ihm dringt die Stimme von Peters. Hinter dem Fernsehapparat, den Blick auf das Fernsehbild gerichtet, steht Fabian. Hinter Fabian führt eine Flügeltür in einen Garten, in dem ein langer Tisch und sechs Stühle stehen.

PETERS *(aus dem Fernsehapparat).* Sie haben Lügen über uns … *(Tritt vor den Fernsehapparat und redet zum Publikum.)* Sie haben Lügen über uns verbreitet, sie haben uns mit Dreck beworfen. Aber wir haben nicht aufgegeben und werden nicht aufgeben. Bis niemand mehr nach Deutschland kommt und niemand mehr in Deutschland bleibt, der nicht deutsch sein, sondern nur unser Geld, unser Gut und unsere Frauen haben will. Deutsche Frauen sind kein Freiwild für Grabscher und Vergewaltiger aus der Levante und aus dem Maghreb, was Deutsche erarbeitet und erwirtschaftet haben, ist keine Beute für Afrikaner und Araber. Wir sagen Ja zum Araber in Arabien und zum Afrikaner in Afrika, aber wir sagen auch Ja zu deutscher Art, zu deutscher Sprache, zu deutscher Kultur, zum deutschen Volk und daher Nein zur Überfremdung, Nein zur Umvolkung, Nein zum Volkstod. *(Beifall.)* Wir kämpfen, bis in Deutschland wieder deutsche Patrioten regieren, nicht die Systemparteien, nicht die Brüsseler Bürokraten, nicht das internationale Finanzkapital. Wir kämpfen, bis Deutschland wieder uns gehört. *(Beifall.)* Es wird ein langer Kampf. Die Deutschen wollen, dass Deutschland wieder ihnen gehört?

Da geht das Geraune und Gemunkel los, da stecken sie die langen Nasen zusammen, da reiben sie sich die Hände, da lassen sich's auch die Geizigen und Gierigen was kosten – wäre doch gelacht, denken sie, wenn sie Deutschland nicht im Griff behalten könnten. Aber wir waren lange genug Amboss – ab jetzt sind wir Hammer. Wir waren lange genug Schafe – ab jetzt sind wir Wölfe. *(Beifall.)* Es wird ein langer Kampf. Manche Schlacht wird hart. Auch die letzte Schlacht, die letzte Wahl war hart. Die abgerissenen Plakate, die angegriffenen Helfer, die Hetze in den Hauptstrommedien – unsere Gegner haben nichts gescheut. Manchmal wurde ich ängstlich gefragt: Schaffen wir's wieder zweistellig? Oft wurde ich aber auch hoffnungsvoll gefragt: Schaffen wir's vielleicht sogar in die Zwanziger? Und wir haben's in die Dreißiger geschafft, wir haben gesiegt, und wir werden siegen, Schlacht um Schlacht. *(Beifall.)* Viele von euch kennen das Lied der Deutschen nicht mehr, nicht einmal die dritte Strophe, die uns die Systemparteien, die sie bei offiziellen Anlässen aufspielen, nicht verleiden sollen, schon gar nicht die zweite, die so schön von dem singt, was wir an unserer Heimat lieben, unsere Frauen, unsere Lieder, unseren Wein, unsere Treue, und von der ersten kennen sie nur die erste Zeile. Wenn die erste Strophe … *(In der Tür stehen Esther und Niklas. Fabian stellt den Fernsehapparat leise, und Peters redet stumm weiter.)*

NIKLAS. Schon wieder Peters?

FABIAN. Seine Rede gestern Abend bei der Siegesfeier der DA. Er ist bei der ersten Strophe des Deutschlandlieds. *(Er stellt den Fernsehapparat wieder laut.)*

PETERS. … nehmt eure Kinder auf den Schoß, ihr Großväter, setzt die Enkel auf eure Knie und lehrt sie das Lied der Deutschen. Lehrt sie, was wir in den Schlachten der letzten Jahre wieder gelernt haben und nie mehr vergessen wollen: Wir siegen, wenn wir nur zu Schutz und Trutze brüderlich zusammenhalten. *(Peters singt, und die Menge stimmt ein.)* Deutschland, Deutschland über alles …

(Fabian schaltet den Fernsehapparat ab. Peters geht wieder an den Rand der Bühne.)

ESTHER. Wieder die deutsche Fox?

FABIAN *(nickt)*. Ein Kabelkanal, der so lächerlich wenig kostet, dass die Zahl der Abonnenten schon eine Million erreicht hat und rasant weiterwächst. Der Spiegel meint, der Kanal wird von Russland subventioniert.

ESTHER. Das hast du abonniert?

FABIAN. Das habe ich abonniert. Ich will wissen, was die Rechten machen.

ESTHER. Muss man das? Wissen, was die Rechten machen?

FABIAN. Nicht nur das.

(Esther und Niklas sehen Fabian fragend an.)

FABIAN. Erinnert ihr euch, vor einem Jahr, als wir zusammen auf Sardinien waren?

ESTHER. Schön war's.

FABIAN. Ja, es war schön. Und am letzten Abend haben wir über unsere Pläne geredet, und *(Zu Esther.)* du hast gefragt, ob das genügt, was wir so machen und werden wollen. Und hast gesagt, dass im Leben mehr drin sein muss als Studium und Beruf und Familie. Dass es etwas geben muss, wofür es sich lohnt, aufs Ganze zu gehen. Dann hat Paul von den Roeblings geschwärmt, Vater und

Sohn, die für den Bau der Brooklyn-Brücke gestorben sind. *(Zu Niklas.)* Du hattest gerade Max Weber entdeckt und wolltest ein Wissenschaftler werden, wie er, und an Überarbeitung sterben, wie er. Maria, die Bescheidene, hat nur gesagt, dass sie Ärztin werden will und dass Ärztin mehr ist als ein Beruf.

ESTHER. Ich erinnere mich. Am Ende haben wir uns versprochen, dass wir uns im Leben nicht mit kleinen Brötchen zufriedengeben. Finde ich immer noch gut.

FABIAN. War's uns damit ernst? Ist es uns damit immer noch ernst?

ESTHER. Warum fragst du?

FABIAN. Wir haben unser großes Brötchen.

ESTHER. Wir haben …

NIKLAS *(ungläubig, ärgerlich).* Du machst Witze!

ESTHER *(schaut vom einen zum anderen).* Wovon redet ihr?

NIKLAS *(ärgerlich).* Du bist doch sonst nicht so schwer von Begriff. Mit dem großen Brötchen meint er … *(Er wird vom Klopfen an die Scheibe der Tür unterbrochen.)*

Szene 2.2

Maria und Paul erscheinen in der Tür.

FABIAN. Nein, Niklas, ich mache keine Witze.

PAUL. Ich mag Witze.

NIKLAS. Fabian hat über Peters gesprochen.

ESTHER. Peters?

PAUL. Wir sind seinen Anhängern begegnet. Sie haben die

Nacht durchgefeiert, ziehen besoffen durch die Stadt, grölen »Deutschland« und rufen nach Peters.

NIKLAS. Fabian meint, er gehört umgebracht. Von uns. Wir sollen ihn umbringen. Weil wir uns im letzten Sommer versprochen haben, uns im Leben nicht mit kleinen Brötchen zufriedenzugeben. Weil Peters unser großes Brötchen sein soll. *(Zu Fabian.)* So ist es doch?

FABIAN. Ja, so ist es.

MARIA *(zu Fabian)*. Wir haben uns im letzten Sommer versprochen ... Aber was hat Peters damit zu tun?

(Die anderen schauen Fabian fragend, zweifelnd, irritiert an.)

FABIAN. Was schaut ihr so? Worüber haben wir heute Morgen gesprochen? Doch nicht über die Vergangenheit, sondern über die Gegenwart! Wenn es 1931 richtig war, Hitler umzubringen, damit er Jahre später kein Unheil anrichtet, ist es heute richtig, Peters umzubringen, damit er Jahre später kein Unheil anrichtet. Dass er Unheil anrichten wird, wissen wir.

PAUL. Die Bundeswehr putscht und macht Peters zum Diktator? Der Reichstag brennt wieder, und die verstörten Bundestagsabgeordneten beschließen wieder ein Ermächtigungsgesetz?

FABIAN. Heute läuft es anders. Heute ...

NIKLAS *(langsam, wie er sich langsam auf Fabians Argumente einlässt)*. Fabian hat recht. Heute braucht es nicht mehr putschende Generäle oder Ermächtigungsgesetze. Schaut euch Polen und Ungarn an. Haben die Rechten die Mehrheit, verändern sie die Spielregeln. Sie verändern sie so, dass sie die Mehrheit nicht mehr verlieren und dass die Gerichte ihnen nicht mehr in die Quere kommen. Dann kriegen sie das öffentliche Fernsehen unter ihre Kontrolle und treiben die privaten Medien vom Markt. Sie schüchtern die Bürger und Bürgerinnen so ein, dass sie lieber den Mund halten. Dabei tun sie, als machten sie die Demokratie stärker, die Wahlen und das Parlament transparenter, die Gerichte effizienter, die Medien unabhängiger von Einflüssen der Wirtschaft.

PAUL. Dafür bräuchte die DA immerhin die Mehrheit.

NIKLAS. Die kriegt sie. Wir wissen doch, wie es weitergeht. Die Rezession wird schlimmer, und in den nächsten Landtagswahlen und der nächsten Bundestagswahl wird die DA die anderen überholen, wie gestern bei uns. Zunächst läuft nichts mehr ohne die DA, dann läuft alles nur noch über sie. Und es gibt Lager für Flüchtlinge, Aufstände in den Lagern, Einsatz der Bundeswehr, Schließung der Grenzen, Rückkehr zur Deutschen Mark, Auflösung der NATO, Austritt aus der EU. Und wenn Russland in Estland einmarschiert, weil es die russische Minderheit nicht im Stich lassen kann, schauen Amerika und Europa und Deutschland zu, und nach Estland sind Lettland und Litauen und die Ukraine dran.

FABIAN *(nickt)*. Ich bin in Geschichte und Politik nicht so gut wie Niklas, ich hätte es nicht so gut sagen können. Aber darauf läuft es hinaus. Und wir haben heute Morgen darüber gesprochen, was in einer solchen Situation zu tun ist. *(Er sieht Esther, Maria und Paul an.)* Oder?

(Maria und Paul schauen zurück, nicken weder noch schütteln sie die Köpfe.)

ESTHER. Ich verstehe, was du meinst. Nur ... es ist ein wunderschöner Sommerabend, wir haben das Abitur hinter uns und die Ferien und das Studium vor uns. Das mit Peters – es fühlt sich weit weg an. Vielleicht irgendwie richtig, aber weit weg. *(Zu Niklas.)* Du willst ihn wirklich umbringen?

NIKLAS. Ich bin sicher, auch der Sommer 1931 war voller wunderschöner Abende, an denen irgendwas hinter und irgendwas vor den Menschen lag und das mit Hitler weit weg war.

MARIA. Ja, es fühlt sich weit weg an, Peters umzubringen. Ich weiß nur nicht, was in dem Gefühl steckt. Der Verstand? Das Gewissen? Die Angst?

NIKLAS. Natürlich haben wir Angst – darum geht es doch nicht!

MARIA. Es geht zuerst um den Verstand, dann um das Gewissen, dann um die Angst. Nur wenn der Verstand sagt, dass es sein muss, kann das Gewissen es ertragen und der Mut die Angst überwinden. Peters heute wie Hitler damals – ich weiß nicht.

NIKLAS. Ich auch nicht. Niemand weiß es. Der Verstand kann die Zukunft nicht kennen. Er kann nicht sagen, dass es sein muss. Aber er kann sehen, dass die Gegenwart heute für die Zukunft verspricht, was die Gegenwart damals für die Zukunft versprochen hat.

PAUL. Ich verstehe davon nicht genug. Ich müsste mich *(Zu Niklas.)* auf dich und *(Zu Esther und Fabian.)* auf euch verlassen. Aber vor allem möchte ich wissen, was *(Zu Maria.)* du meinst. Wenn der Verstand nicht sagen kann, dass es sein muss – was sagt dann das Gewissen?

MARIA. Ach, Paul. Was fragst du mich? Frag dich!

PAUL. Du verstehst mehr vom Gewissen als ich.

ESTHER. Wir haben uns in Sardinien versprochen, mit großem Einsatz zu leben. Aufs Ganze zu gehen.

(Die anderen schauen Esther an, sagen nichts. Dann steht Gertz in der Tür und klopft an die Scheibe.)

FABIAN *(geht auf Gertz zu).* Schön, dass Sie da sind! *(Zu den anderen.)* Gehen wir in den Garten.

Szene 2.3

Der Garten mit Tisch und sechs Stühlen. Gertz und die Abiturienten und Abiturientinnen stehen beisammen, Fabian reicht und füllt Sektgläser.

GERTZ *(hebt das Glas).* Ich bedanke mich für die Einladung. Sie waren nicht nur mein erster Leistungskurs Geschichte, Sie waren überhaupt die erste Klasse, die ich zum Abitur begleitet habe. Dass Sie mich zum Abschluss in Ihren kleinen Kreis eingeladen haben, bedeutet mir viel. Natürlich habe ich in den beiden Jahren gemerkt, dass Sie Freunde sind, und wie Sie sich die Bälle zugeworfen, wie Sie miteinander diskutiert, wie Sie mich herausgefordert haben – ohne das wäre der Unterricht nicht gelungen. Heute Morgen haben Sie mich existentiell gestellt, ich kann es nicht anders sagen. Es hat mir keine Ruhe gelassen. *(Er macht eine Pause.)* Ich will Ihre Frage nicht unbeantwortet lassen. Ja, wenn ich gewusst hätte, was kommen würde, hätte ich 1931 geschossen. Und ich hätte es wissen müssen. Hitler hat kein Blatt vor den Mund genommen.

(Esther sieht Niklas triumphierend an: Siehst du, Gertz ist kein Feigling.)

GERTZ *(lächelt).* Aber ich will die Schwere des Themas

nicht in die Leichtigkeit dieses Abends tragen. Ich danke Ihnen für die Einladung, danke Ihnen für die beiden Jahre und wünsche Ihnen auf Ihren neuen Wegen alles Gute. Ab jetzt sind wir nicht mehr Lehrer und Schüler, *(Er nickt Fabian, Niklas und Paul zu.)* nicht mehr Lehrer und Schülerinnen, *(Er nickt Esther und Maria lächelnd zu.)* ich bin nicht mal eine halbe Generation älter als Sie, und ich würde mich freuen, wenn wir du zueinander sagen könnten. Ich bin Ulrich.

(Alle stoßen miteinander an.)

GERTZ. Eines noch. *(Zu Fabian.)* Du hast heute Morgen gesagt, dass ich dich nicht mag. Du hast es mir immer wieder besonders schwergemacht, mit deinen Fragen, deinen Einwänden, deiner Hartnäckigkeit. Das hast du mir vielleicht manchmal angemerkt. Aber nicht mögen – nein, das stimmt nicht.

FABIAN. Wenn hier Reden gehalten werden, will auch ich eine halten. Schön, dass ihr alle da seid. *(Zu Gertz.)* Schön, dass Sie dabei sind oder vielmehr du. Die Schule war in den letzten beiden Jahren oft langweilig. Bei Ihnen, *(Er schüttelt den Kopf und lacht.)* bei dir war es spannend. *(Er schaut in die Runde.)* Es ist gut, dass wir zusammen waren, und es ist gut, dass wir auseinandergehen. *(Zu Esther.)* Du bist die Gescheiteste von uns, nie eine Streberin und doch immer die Erste, und studierst Jura – ich würde sagen Perlen vor die Säue, aber wenn du eines Tages Bundesverfassungsrichterin wirst, soll's mir recht sein. Leipzig – das stimmt doch, du gehst nach Leipzig? *(Esther nickt.)*

FABIAN *(zu Maria)*. Maria, du bist der beste Mensch, den ich kenne. Du hast nie mitgemacht, wenn wir jemanden fertiggemacht haben, du hast nie schlecht über andere geredet, du hast geholfen, wo du helfen konntest. Du kannst nach dem Abitur nicht einfach Heilige werden. Also wirst du Ärztin; statt nach Wien oder wohin auch immer zu gehen, wo du gleich studieren könntest, wartest du auf den Studienplatz in Deutschland, den die Blödmänner dir erst nach Jahren geben wollen, und wirst zunächst Krankenschwester. Ich habe einen Arzt zum Vater und einen zum Großvater, sie sind beide Zyniker, aber vielleicht weil sie Chirurgen sind, und Chirurgin wirst du sicher nicht. Ich hoffe, ich gerate in deine Hände, wenn ich in die Hände einer Krankenschwester oder einer Ärztin gerate, und wo ich dich in den nächsten Jahren finde, weiß ich. Du bist die Einzige, die hierbleibt. *(Zu Paul.)* Du liebst die blöden Sprüche und wirst ein blöder Spruch: Der Ingeniör, dem nichts zu schwör ist. Wir kannten uns schon als Kinder. Mit zwölf hast du ein Raketenauto gebaut, aus Teilen eines Märklin-Baukastens, einer langen Patrone und Schießpulver – ich habe keine Ahnung, woher du das Zeug hattest. Du hast mich zur Jungfernfahrt eingeladen, und das Ding ist losgeschossen, hat auf eurer Terrasse die Glastür durchschlagen und ist im Sofa stecken geblieben und verschmort. Dir wird nichts zu schwer werden, und deiner Durchschlagskraft wird nichts widerstehen. Du gehst nach Berlin.

PAUL *(grinst)*. Ran an die Buletten!

FABIAN *(zu Niklas)*. Wir sind drei Jahre nebeneinandergesessen. Drei Jahre! Wir werden nie wieder so lange neben ein und derselben Person sitzen. Wir werden manchmal aneinander denken, wenn du in Leipzig in der

Bibliothek sitzt und ich in Freiburg. Lange wollte ich Geschichte studieren, wie du. Aber ich habe bei dir gelernt, was man braucht, um ein guter Historiker zu werden, und ich habe es nicht: den weiten Blick und zugleich die Liebe zum Klein-Klein. Du wirst uns eines Tages anders auf die Vergangenheit schauen lassen. Ich werde Philosophie studieren, eine brotlose Kunst, aber ich will auch Journalist werden, ein brotloser Beruf. *(Er schaut in die Runde.)* Damit ist meine Rede zu Ende. Das Büfett steht unter der Pergola. *(Er zeigt an die Seite der Bühne.)*
(Die anderen klatschen.)

Szene 2.4

Gertz und die Abiturienten und Abiturientinnen stehen und trinken Sekt. In der Tür zum Haus taucht ein alter Mann auf, kommt mit schwerem, ungleichem Schritt näher, bleibt ein bisschen abseits stehen, schaut vom einen zur anderen, nickt allen freundlich zu.

FABIAN. Alter!

DER ALTE *(zu Fabian)*. Ich habe aus meinem Zimmer deine Rede gehört. *(Zu den anderen.)* Was sind Sie für eine nette Runde! Ich gratuliere Ihnen zu Ihrer Freundschaft und zum Abitur und zu allem, was vor Ihnen liegt.

PAUL. Wann haben Sie Abitur gemacht?

DER ALTE. Das ist lange her. 1968.

PAUL. Schau an, ein 68er!

NIKLAS. Unser Lehrer schwärmt von '68. Wie Sie aufgestanden sind und mehr Demokratie gefordert und die alten Nazis entlarvt und die Amerikaner und ihren Krieg in Vietnam …

DER ALTE *(lacht)*. Ich war kein Revolutionär. Ich war ein paarmal auf Demonstrationen und wurde einmal sogar von der Polizei festgenommen, aber aus Versehen. Ich habe damals auch Marx und Engels und Marcuse gelesen. Aber ich weiß kaum noch was.

PAUL. Was haben Sie studiert?

(Maria geht zum Tisch, findet kein Sektglas, nimmt ein Weinglas, schenkt Sekt ein und bringt es dem Alten.)

DER ALTE *(zu Maria)*. Danke! *(Zu Paul.)* Alles und nichts. Mein Vater hatte den Generalanzeiger, eine Zeitung, die ich übernehmen sollte, und ich dachte, ich müsste von allem ein bisschen was verstehen und von nichts zu viel. Aber die Zeitung ist eingegangen, noch unter meinem Vater. Ich wäre die vierte Generation Generalanzeiger geworden, und Fabian könnte die sechste sein.

FABIAN *(lacht)*. Generalanzeiger? Danke, Urgroßvater, dass du ihn hast eingehen lassen und ich nicht die sechste Generation bin.

MARIA *(zum Alten)*. Tut es Ihnen leid?

DER ALTE. Die Welt verändert sich eben.

NIKLAS. Haben Sie die Rede unseres Lehrers gehört?

DER ALTE. Ja.

NIKLAS. Und? Wenn Sie gewusst hätten, was kommen würde – hätten Sie Hitler 1931 erschossen?

DER ALTE. Haben Sie das in der Schule diskutiert?

PAUL. Nicht für die Schule lernen wir …

ESTHER, FABIAN, NIKLAS *(zusammen, lachend)*. … sondern fürs Leben.

DER ALTE *(nickt)*. Das kenne ich noch.

NIKLAS. Und?

DER ALTE. Als ich studierte, hieß es, dass nicht die großen Männer Geschichte machen, sondern die gesellschaftlichen Mächte, die Bourgeoisie, das Proletariat, das Kapital, die Produktivkräfte und Produktionsverhältnisse, die Widersprüche zwischen ihnen. Dass man den Feudalismus nicht erledigt, indem man dem König den Kopf abhaut, und den Faschismus nicht, indem man Hitler ermordet.

GERTZ. Es steht doch außer Zweifel, dass die deutsche Geschichte ohne Hitler anders aussähe.

DER ALTE. Was weiß ich. Vielleicht konnten die Deutschen Versailles nicht ertragen und mussten nach dem Ersten Weltkrieg einen zweiten anfangen, vielleicht mussten sie maßlos werden, ehe sie maßvoll werden konnten, vielleicht ...

NIKLAS. Sollen wir die Hände in den Schoß legen?

DER ALTE. Nein, aber es gibt Besseres zu tun, als Hitler umzubringen. Er hat sich übrigens schon umgebracht.

FABIAN. Mach keine Witze, Alter. Soll man jemand umbringen, von dem man weiß, dass er Furchtbares anrichten wird?

DER ALTE. Ein präventiver Tyrannenmord?

GERTZ. Das haben Sie schön gesagt. Wenn sie Tyrannen sind, ist es zu spät. Wenn ein Hitler an der Macht ist, kommt man nicht mehr an ihn ran. Die Geschichte lehrt, dass der Anschlag auf den Tyrannen präventiv erfolgen muss – der 20. Juli 1931.

DER ALTE. Und woher weiß man am 20. Juli 1931, dass aus Hitler Hitler wird?

GERTZ. Er hat kein Blatt vor den Mund genommen.

(Der Alte nickt ein paarmal – er stimmt nicht zu, sondern nimmt Kenntnis von dem, was Gertz sagt. Er setzt zum Sprechen an, hebt aber nur die Hände und lässt sie wieder sinken.)

MARIA. Wollen Sie sich zu uns setzen?

DER ALTE. Vielen Dank. Ich trinke auf euer aller Wohl, *(Er sieht in die Runde, hebt das Glas und trinkt.)* nehme mir was vom Büfett und setze mich unter den Apfelbaum.

Szene 3.1

Die sechs sitzen am Tisch, sind an einem Ende zusammengerückt, essen und trinken. Der Alte sitzt im Hintergrund auf einem Gartenstuhl, einen Teller auf dem Schoß und ein Glas auf dem Boden.

NIKLAS. Wie Fabian gesagt hat – wir gehen auseinander. Aber wir gehen nicht auseinander, ohne zu Ende zu bringen, was wir gemeinsam angefangen haben – vor einem Jahr auf Sardinien, heute Morgen in der Schule, vorhin vor dem Fernseher. Wir haben den 20. Juli.

MARIA. Nein, Niklas. Wir haben nicht angefangen, wir haben uns gefragt, ob wir anfangen sollen.

GERTZ. Womit?

NIKLAS. Peters beseitigen.

GERTZ. Peters beseitigen?

NIKLAS. Beseitigen, erledigen, umbringen, ermorden – mit ihm machen, was man am 20. Juli 1931 mit Hitler hätte machen müssen.

GERTZ. Wovon redest du?

ESTHER. Wovon Niklas redet? Wovon hast du vorhin geredet? Hitler hätte am 20. Juli 1931 ermordet gehört. Es war die letzte Chance. Wir haben nicht mehr lange die Chance, Peters zu ermorden.

FABIAN. Um mit deinen Worten zu reden: Wir wissen, was kommen wird. Peters nimmt kein Blatt vor den Mund.

GERTZ. Nimmt kein Blatt vor den Mund …

FABIAN. Seine Dresdner Rede über deutsche Art. *(Er imitiert Peters.)* »Wir sind …«

PETERS *(tritt vor)*. Wir sind nicht Anti. Nicht Antimuslime, nicht Antisemiten, nicht Antiafrikaner. Aber jede Art braucht ihren Boden, auf dem sie wachsen, und ihren Raum, in dem sie leben kann. Ungestört wachsen, ungestört leben – was stört, gehört ausgemerzt.

NIKLAS *(schließt an, auch er imitiert Peters).* »Es ist …«

PETERS. Es ist deutsche Art, Gäste herzlich aufzunehmen. Aber wenn sie sich nicht benehmen, ist es deutscher Brauch, ihnen herzlich die Tür zu weisen. Und Eindringlinge – Eindringlinge lassen wir gar nicht erst rein, und wenn sie sich doch reindrängeln oder reinschmuggeln, werfen wir sie raus.

PAUL. Er hat die Rede auf einer Pegida-Veranstaltung gehalten. Die Leute haben gejohlt, und die Staatsanwaltschaft hat ein Verfahren wegen Volksverhetzung eröffnet – und eingestellt. In der Talkshow wurde er gefragt, was er mit den Eindringlingen machen will, wenn er sie nicht rauswerfen kann, weil niemand sie aufnehmen will. Wisst ihr noch?

PETERS. Das will ich ihnen nicht wünschen.

MARIA. Und als Trump den Flüchtlingen die Kinder wegnahm, meinte er, wer seine Kinder …

PETERS. Wer seine Kinder nicht beschützen kann, hat kein Recht auf sie. *(Er geht wieder an den Rand der Bühne.)*

GERTZ. Das ist alles hässlich, und ich würde mir manchmal wünschen, der Staat würde entschiedener reagieren. Aber er reagiert. Wir haben eine verlässliche Polizei, einen wachsamen Verfassungsschutz, unabhängige Gerichte, ein rühriges Parlament, eine verantwortliche Regierung. Unsere freiheitliche rechtsstaatliche demokratische Ordnung funktioniert. Wir wollen doch die Kirche im Dorf lassen!

NIKLAS. Es hat nur ein paar Monate gedauert, aus der funktionierenden Weimarer Republik ein faschistisches System zu machen.

GERTZ. Damals und heute, die Weimarer Republik und die Bundesrepublik – das ist doch nicht das Gleiche! Peters ist doch nicht Hitler!

NIKLAS. Peters ist nicht Hitler, die DA ist nicht die NSDAP, und die Rezession, in die wir gerade schlittern, ist nicht die Weltwirtschaftskrise. Aber mit Peters ist die DA heute, was die NSDAP 1931 mit Hitler war – die gleiche Gefahr.

GERTZ. Nichts ist heute wie damals.

NIKLAS. Natürlich ist nichts heute wie damals. Aber …

GERTZ. Dann hör auch auf zu reden, als drohe mit Peters und der DA das Ende unserer Demokratie.

NIKLAS. Und Polen und Ungarn? Freiheit, Rechtsstaat und Demokratie gehen heute nicht mehr so unter wie 1933. Statt ein paar Monate dauert es ein paar Jahre. Aber am Ende steht das autoritäre System.

GERTZ. Auch Orban und Kaczynski sind nicht Hitler. Sie fangen keine Kriege an, unterjochen keine Völker, ermorden keine Juden. Die Ungarn und die Polen haben nicht unsere Art von Freiheit, Rechtsstaat und Demokratie. Na und? Ihr müsst doch, was so verschieden ist wie dort und hier oder damals und heute, auseinanderhalten!

PAUL *(ärgerlich)*. Wir halten es auseinander. Wir sagen nicht, dass es das Gleiche ist. Wir vergleichen es.

GERTZ. Vergleichen … Jede Zeit ist unmittelbar zu Gott – erinnert ihr euch nicht, wie wir Ranke gelesen haben? Man kann verschiedene Zeiten nicht einfach so vergleichen. Und Hitler und den Nationalsozialismus und den Holocaust kann man schon gar nicht einfach so vergleichen. Wir haben doch auch den Historikerstreit gelesen und Habermas und … Man kann den Holocaust mit nichts vergleichen, und man kann nichts mit dem Holocaust vergleichen. Nichts. Er war eine einzigartige, unvergleichbare Furchtbarkeit.

FABIAN *(nicht ohne Spott)*. Das ist dein Ernst? Wir können, wenn es um Hitler geht, nicht vergleichen? Was soll dann dein Gerede vom Lernen aus der Vergangenheit? Man kann doch aus einer Situation nur lernen, wenn man die eigene Situation mit ihr vergleicht!

GERTZ. Ich meine … Man kann aus der Vergangenheit lernen, dass man den Anfängen wehren muss.

(Die anderen schauen Gertz wortlos an.)

GERTZ. Das wollt ihr, ich weiß. Aber doch nicht so!

PAUL. Sondern wie?

GERTZ. Anders als damals. Die Situation ist heute anders, und deshalb muss man heute auch anders handeln.

PAUL. Wollen wir doch! Wir wollen heute machen, was man 1931 nicht gemacht hat.

GERTZ *(merkt, dass er sich verrannt hat, schüttelt den Kopf, setzt noch mal an)*. Ihr wisst doch, was ich meine. Vergleiche können täuschen, etwas kann ähnlich aussehen und doch ganz anders sein. Als wir uns mit historischen Romanen beschäftigt haben, haben wir gesehen, dass die Autoren wieder und wieder den Fehler gemacht haben, den Gestalten der Vergangenheit die Gedanken und Gefühle der Gegenwart zu geben. Wollen wir den Deutschen von heute nicht zutrauen, dass sie schon aus der Geschichte gelernt haben und auf einen Spuk wie Hitler oder Kaczynski oder Orban nicht hereinfallen? Dass sie heute anders sind als damals?

PAUL. Und sich deshalb mit 37 Prozent für Peters und die DA entschieden haben?

GERTZ. Ach, Paul … Es sind nicht 37 Prozent für Hitler und die NSDAP. *(Er steht auf.)* Ich komme gleich wieder. Wo geht's um die Ecke?

Szene 3.2

Die Runde sitzt stumm, alle hängen ihren Gedanken nach. Niklas sucht Esthers Blick, sie merkt es, sieht Niklas ratlos und unglücklich an, senkt den Kopf.

GERTZ *(kommt wieder und setzt sich)*. Es ist doch nicht so, dass ich euch nicht verstehen würde. Und ich bewundere den Ernst, mit dem ihr euch der Herausforderung der Situation stellt. Aber warum so übereilt? Peters hat gerade mal eine Wahl in einem Land gewonnen, und die 37 Prozent, mit denen er gewonnen hat, sind hässlich, aber nun auch nicht überwältigend. Bis zur Bundestagswahl ist noch eine Weile hin – warum nicht abwarten, wie sich alles entwickelt?

FABIAN. Was soll sich entwickeln? Peters? Die DA? Peters verliert die Lust, und die DA verliert ihre Wähler? Die Deutschen machen ihren Frieden mit den Flüchtlingen?

Die Enttäuschten und Abgehängten sehen, was sie an unserem System haben? Die Arbeitslosen finden Arbeit, die Unternehmen kriegen Aufträge, die Wirtschaft boomt wieder, und allen geht es super? Was soll sich entwickeln?

GERTZ. Darum geht es gerade. Wir wissen nicht, wie es weitergeht. Es kann schlechter, es kann besser werden. Wenn es besser wird, wollt ihr doch nicht einen sinnlosen Mord begangen haben.

NIKLAS. Natürlich wissen wir nicht, wie es weitergeht. Das haben Stauffenberg und Elser auch nicht gewusst und am 20. Juli 1931 erst recht niemand. Wir können doch nur von dem ausgehen, was wir wissen – wie am 20. Juli 1931.

ESTHER. Ich dachte, darum sei es heute Morgen gegangen. Nicht, ob man Hitler 1931 erschossen hätte, wenn man Auschwitz vorausgesehen hätte. Sondern, ob man ihn hätte erschießen müssen, weil man wusste, wie er dachte – über Juden und Slawen, Blut und Boden, Deutschlands Lebensraum, Aufrüstung und Krieg. Und weil man sah, dass er drauf und dran war, an die Macht zu kommen.

GERTZ *(verzweifelt)*. Ja, ja, ja. Aber die Geschichte wiederholt sich nicht.

ESTHER. Sie wiederholt sich genug, dass wir aus ihr lernen können. Oder? Als Hitler vor 1933 von deutschem Lebensraum und Fremdkörpern und Eindringlingen geredet hat, konnte man sich vielleicht noch was vormachen. Aber wenn heute einer so redet, wissen wir doch, was daraus wird. Und wie leicht aus einer Demokratie ein autoritäres System wird. Was braucht es noch mehr? *(Während Gertz das Folgende sagt, werden die Blicke der anderen verschlossen, abweisend, verächtlich.)*

GERTZ *(redet immer gehetzter, immer verzweifelter gegen*

das an, was er in den Blicken der anderen sieht). Ich rede über die Zeit. Wir haben nicht den 20. Juli 1931. Wir haben eine Rezession, aber keine Weltwirtschaftskrise, keine SA-Schlägertrupps, keine antisemitische Hetze – wir sind irgendwo in den Zwanzigerjahren, wo alles auch hätte gut werden können. Wir haben doch darüber gesprochen, dass die Geschichte keine Zufälle kennt, dass sie aber auch nicht zwangsläufig stattfindet, dass weder der deutsche Sonderweg noch der Versailler Vertrag noch die Wirtschaftskrise zum Dritten Reich führen mussten. Immer wieder gab es Weichen, die die Menschen so und so stellen konnten. Wir können uns bei den anderen Parteien engagieren, wir können gegen Peters und die DA schreiben und reden, wir können auf die Straße gehen, wir können so viel machen. Und *(Zu Esther.)* als Juristin und *(Zu Niklas.)* als Historiker und *(Zu Fabian.)* als Journalist werdet ihr dafür sorgen, dass unsere Ordnung Bestand behält, und *(Zu Maria.)* auch als Ärztin und *(Zu Paul.)* als Ingenieur könnt ihr … könnt ihr … *(Er weiß nicht recht weiter.)*

MARIA. Du hast uns immer was vorgemacht. Der aufrechte Gang, Zivilcourage, Widerstand – es war nur Gerede. Deine Helden des Widerstands haben nichts bewirkt, haben mit dem Leben bezahlt und sind Heilige. Wir wollen was bewirken. Du nicht. Du hast Angst, dir die Hände schmutzig zu machen. Bei schönen Gesten macht man sich die Hände nicht schmutzig. Sie reichen dir. Stolpersteine setzen und Müll trennen und Leute denunzieren – Fabian hatte recht. Vom Schoß reden, der noch fruchtbar ist, aber wenn er ausgebrannt werden soll, willst du nichts damit zu tun haben.

GERTZ. Die Zeit, ich meine doch nur, dass nicht die richtige Zeit ist.

PAUL. Wer zu spät schießt, den bestraft das Leben.

(Alle sehen Paul irritiert an.)

MARIA. Du mit deinen Sprüchen …

PAUL *(zu Gertz)*. Wenn Peters und die DA die nächste Bundestagswahl gewinnen und so stark werden, dass ohne sie nicht mehr regiert werden kann – machst du dann mit? Willst du das sagen? Und dass es dann schwieriger und gefährlicher wird, macht nichts, weil du bereit bist, beim Attentat dein Leben zu opfern?

(Gertz sitzt stumm, schaut vor sich hin und schüttelt den Kopf.)

ESTHER. Ich muss mal aufstehen.

(Sie steht auf, macht ein paar Schritte, geht zur Seite und zündet sich eine Zigarette an.)

Szene 3.3

Gertz steht auch auf und gesellt sich zu Esther. Sie stehen im Halbdunkel. Am Tisch werden Kerzen angezündet und wird weitergeredet; manchmal dringen ein paar Satzfetzen rüber, »Peters«, »Geschichte«, »Zeitpunkt«, »zu früh«, »zu spät«, »warum denn nicht?«, »wer denn sonst?« und Ähnliches.

GERTZ. Können wir bald gehen? Wir haben uns eine Woche nicht gesehen. Ich weiß nicht, was das hier noch soll.

ESTHER. Nein? Ich schon.

GERTZ *(lächelnd)*. Heute kam die Nachricht, dass ich im

Wintersemester den Lehrauftrag an der Uni Leipzig kriege. Freitags von vier bis sechs – ich schaffe es nach der Schule gerade hin, aber danach nicht mehr zurück, niemand kann nach einem so langen Tag noch eine lange Fahrt von mir verlangen. Wir haben den Freitagabend, die ganze Nacht, den Samstagmorgen – freust du dich nicht?

ESTHER. Ich dachte, wenn wir nicht mehr Lehrer und Schülerin sind, wird alles anders.

GERTZ. Wird es auch. Wir haben in Leipzig eine Welt für uns, ganze Nächte zusammen, wir schlafen zusammen ein und wachen zusammen auf, und manchmal fahre ich einfach erst Samstagabend oder Sonntagmorgen, und wir haben das halbe Wochenende.

ESTHER. Das halbe Wochenende …

GERTZ. Es ist ein Anfang. Bitte hab ein bisschen Geduld mit mir. Bevor der Kleine in die Schule geht und Ute wieder arbeitet, kann ich nicht weg. Es wäre nicht recht. Ich … *(Er lächelt Esther verständnisheischend an.)* … ich wäre nicht der, den du liebst. *(Er sieht sich um, ob die anderen zu ihnen schauen, legt den Arm um Esther und will sie küssen.)*

ESTHER. Ich bekomme …

(Gertz sieht sie fragend an. Sie braucht eine Weile, bis sie fortfahren kann.)

ESTHER. Ich bekomme auf der Lippe einen Herpes. Du solltest mich nicht küssen.

GERTZ. Was ist los? Ich reiße mir ein Bein aus, um den Lehrauftrag zu kriegen und mich mit dir nicht mehr für gestohlene Stunden in abgelegenen Hotels treffen zu müssen, und du führst dich auf, als … als …

ESTHER *(lacht)*. Wie ein Kind, das sich für ein teures Geschenk nicht artig bedankt? Ist schon gut, Uli. Wir hatten wohl verschiedene Vorstellungen davon, wie alles wird, wenn es anders wird.

GERTZ. Nein, ich will mit dir zusammen sein wie du mit mir, richtig zusammen sein. Ich will raus aus meinem alten Leben, ich will mit dir ein neues Leben. Im Herbst kommt Jonas in die Schule, im Frühjahr will Ute wieder arbeiten. Und wenn ich mich bewähre, kriege ich vielleicht eine Stelle an der Uni Leipzig und kann hier weg. Ich denke doch bei allem nur an uns!

ESTHER *(braucht wieder eine Weile)*. Wenn ich die Pille vergäße und schwanger würde – was würdest du machen?

GERTZ *(erschrocken)*. Du willst doch nicht sagen ... *(Er fängt sich und lächelt Esther an.)* Ich möchte Kinder mit dir. Eines Tages, wenn alles stimmt. *(Er zieht sie an sich.)* Lass uns gehen, Esther. Was hat das hier mit uns zu tun?

ESTHER. Wenn du nicht weißt, was du hier sollst, dann geh.

GERTZ *(unsicher)*. So habe ich das nicht gemeint. Natürlich bleibe ich. Ich nehme dich dann mit und bringe dich nach Hause. *(Er schweigt einen Moment.)* Du willst wirklich sagen, es sei euch mit dem Anschlag auf Peters ernst?

(Esther sieht Gertz kurz an, tritt die Zigarette aus und kehrt an den Tisch zurück. Er folgt ihr.)

Szene 3.4

Wie in der vorletzten Szene. Es ist dunkel geworden, das Licht der Kerzen schafft eine Atmosphäre der Vertraulichkeit, Heimlichkeit. Esther und Gertz setzen sich.

GERTZ. Worüber redet ihr gerade?

NIKLAS. Natürlich gibt es nicht nur einen Zeitpunkt. Aber …

PAUL. Tut mir leid, aber das ist alles blasse Theorie. Haltet mich meinetwegen für einen praktischen Kleingeist, aber was soll der Streit, wann wir Peters umbringen sollen, wenn wir ihn nicht umbringen können? Hat jemand von euch eine Idee, wie das gehen soll? Hat jemand ein Gewehr? Hat jemand eine Pistole? Kann jemand eine Bombe bauen?

(Die Runde braucht einen Moment, bis sie sich auf das neue Thema einlässt.)

FABIAN. Mein Vater hat zwei Jagdgewehre. Er wäre begeistert, wenn ich endlich mit ihm auf die Jagd ginge.

PAUL. Dann geh endlich. Gibt's auch ein Zielfernrohr?

FABIAN. Ja.

PAUL. Und kannst du ein Jagdgewehr mit Zielfernrohr nehmen oder hält dein Vater es verschlossen?

FABIAN *(druckst rum)*. Ihm vormachen, ich hätte meine Leidenschaft für die Jagd entdeckt und wollte schießen üben – ich weiß nicht. Ich habe für seine Leidenschaft immer nur Verachtung gezeigt.

PAUL *(verständnislos)*. Du hast keine Hemmungen, Peters umzubringen, aber Hemmungen, deinem Vater etwas vorzumachen?

MARIA. Mein Vater hat eine Pistole. Er hat sie nach dem Tod seines Vaters unter dessen Sachen gefunden und in der Kassette mit den Papieren weggeschlossen. Ich kenne die Kombination.

PAUL. Und du hast keine Hemmungen, sie deinem Vater wegzunehmen?

MARIA. Er würde es nicht merken.

FABIAN. Wir wollen entkommen, und da sind Jagdgewehr und Zielfernrohr besser. *(Zu Paul.)* Tut mir leid.

GERTZ *(ironisch)*. Habt ihr Stauffenberg und Elser nicht vorgeworfen, dass sie ihr Leben beim Attentat nicht eingesetzt haben?

PAUL. Ich nicht. Das ist dein Ding: die heroische Geste. Mein Ding ist, dass Peters wegmuss. Warum sollen wir dafür unsere Freiheit aufs Spiel setzen? Wir müssen rausfinden, wo er wohnt, wo er joggt, in welchen Restaurants er isst und in welchen Biergärten er trinkt, welche Wege er nimmt, einfach alles. Das können wir schaffen. Für den Anschlag braucht es einen, der an Peters dranbleibt und die anderen wissen lässt, wo er gerade ist und was er gerade macht, einen oder zwei, die sich um das kümmern, was den Plan über den Haufen werfen könnte, einen, der schießt, einen, der die Flucht sichert. Wenn wir es aussehen lassen könnten, als hätte ihn sein Stricher erschossen oder seine Nutte … Aber so gut sind wir nicht. Immerhin brauchen wir keine falschen Identitäten, keine Verstecke, kein Geld.

GERTZ *(lacht, als könne alles, so konkret angesprochen, nicht ernst ein)*. Du redest wie ein Killer! Wo hast du das her? Nicht aus meinem Geschichtsunterricht!

PAUL *(zu Niklas und Esther)*. Ihr findet heraus, wie Peters lebt. *(Zu Fabian.)* Du lernst mit dem Jagdgewehr schießen. *(Zu Maria.)* Wir üben mit der Pistole. Kannst du sie bald bringen?

MARIA. Ja.

PAUL. Wir fangen morgen an.

ESTHER. Ich wollte nächste Woche weg.

PAUL. Du wolltest nächste Woche weg? Dann änderst du deine Pläne. Wir hatten alle was anderes vor.

(Die Runde sitzt betreten. Sie merkt erstmals richtig, dass ihr Vorhaben in ihr Leben eingreift. Gertz sieht in die Runde; er erwartet, dass sie mit dem Spiel aufhören.)

ESTHER *(langsam).* Ja, dann ändere ich meine Pläne. *(Sie sieht sich in der Runde um.)* Dann ändern wir alle unsere Pläne.

Szene 3.5

Es ist dunkel geworden, ein Wind kommt auf und bläst die Kerzen aus. Gertz steht auf, zündet sie wieder an, setzt sich wieder.

GERTZ. Ich kenne Peters. Nicht gut, aber ...

PAUL. Du kennst ihn? Dann findest du heraus, wie er lebt.

GERTZ *(schüttelt den Kopf).* Mein Bruder und er waren zusammen bei der Bundeswehr und haben sich angefreundet, und er war ein paarmal bei uns zu Hause.

(Während der folgenden Worte von Gertz tritt Peters an den Tisch, zündet eine ausgeblasene Kerze an, schenkt Wein nach, legt Esther das auf den Boden gesunkene Tuch um die Schultern, holt Paul, der sich nach seinem

Pullover umsieht, den Pullover aus dem Zimmer und geht wieder an den Rand der Bühne.)

GERTZ. Er war höflich, freundlich, behilflich. Alle haben ihn gemocht. Meinem kleinen Bruder hat er die Angst vor dem Hund genommen, er hat mit beiden gespielt und Felix gezeigt, wie man den Hund erzieht. Ich kann mir einfach nicht vorstellen …

NIKLAS *(unterbricht ihn)*. Hitler war bei der Münchner Bohème beliebt und bei den Wagners in Bayreuth, den alten Speer hat er mit seinem tiefen Blick fasziniert. Und Blondi hat ihn geliebt wie er Blondi. Hat dein kleiner Bruder einen Schäferhund?

(Gertz schaut ratlos in die Runde und hilfesuchend zu Esther.)

ESTHER. Du hast ja recht, Niklas. Aber ist doch klar, dass das die Sache für Ulrich nicht einfacher macht. Würde es für mich auch nicht.

NIKLAS. Niemand sagt, dass die Sache einfach ist. Die Leute vom 20. Juli haben sich immerhin schwergetan, weil sie Hitler einen Eid geleistet hatten. Sich schwertun, weil Peters höflich und freundlich und behilflich ist – ich glaub's nicht.

GERTZ. Und wenn er Familie hat? Eine Frau, Kinder?

NIKLAS. Hätte es einen Unterschied gemacht, wenn Hitler am 20. Juli 1931 mit Eva Braun verheiratet gewesen wäre und Kinder gehabt hätte? Wie Göring und Goebbels und Himmler?

GERTZ *(schaut wieder ratlos, meidet die Blicke der anderen, gibt sich dann aber einen Ruck und setzt noch mal an, langsam, nachdenkend)*. Wir haben den ganzen Abend über Politik gesprochen. Die Würde des Menschen achten heißt, ihn nicht zum Objekt zu machen. Mit dem präventiven Mord mache ich den anderen zum Objekt meiner Zukunftsvoraussicht. Ich sehe ihn nicht als Subjekt, das anders handeln kann, als ich vorausgesehen habe. Ich fürchte, ich habe es mir zu einfach gemacht, als ich sagte, ich hätte 1931 ...

MARIA. Wir sehen Peters als Subjekt, das handelt. Wir sehen, wie er handelt und wie er damit verspricht, auch in Zukunft zu handeln.

FABIAN *(zu Gertz)*. Du willst über Moral reden?

GERTZ. Wir können nicht tun, als gehe es hier nur um ein politisches und nicht auch um ein moralisches Problem.

FABIAN. Du meinst, du kannst uns über Moral belehren?

GERTZ. Ich will euch nicht belehren, ich sage nur ...

FABIAN. Du meinst, du verstehst was von Moral?

GERTZ *(irritiert)*. Ich weiß nicht, was du ...

FABIAN. Meinst du nicht, man muss ...

ESTHER *(merkt, worauf Fabian hinauswill)*. Lass das, Fabian.

FABIAN. Ich kann's nicht mehr hören. Zwei Jahre lang hat er mit dem aufrechten Gang und der Zivilcourage und dem Widerstand moralisch aufgetrumpft. Jetzt, wo es ernst wird, war das alles nur politisch und verlangt die Moral, die Hände in den Schoß zu legen. Ulrich, du bist ein Moralschwätzer. Was sollst du auch anders sein, mit deiner Frau und deinen beiden Kindern zu Hause und Esther nach der Schule.

GERTZ *(fassungslos)*. Also ... *(Er sieht zu Esther.)*

FABIAN. Nein, Esther hat nie ein Wort über euch gesagt. Aber für wie blöd hältst du uns? Für wie blöd hältst du die Schule? Alle deine Schüler wissen es, und gibst du jemand eine schlechte Note, riskierst du, dass er sich rächt und dich meldet. Ich will dir nichts. Keiner hier will dir was. Aber red nicht von Moral, nicht …

NIKLAS. Das Gewicht eines moralischen Arguments hängt nicht davon ab, ob der, der es äußert, ein moralisches oder ein unmoralisches Leben führt.

FABIAN. Was soll das, Niklas. Wir tauschen hier nicht philosophische Argumente aus. Es geht um Leben und Tod.

GERTZ *(steht auf)*. Um Leben und Tod? *(Er schüttelt den Kopf.)* Das Spiel ist schon viel zu weit gegangen. Ich gehe nach Hause. Noch mal vielen Dank für die Einladung. *(Zu Esther.)* Kommst du mit? Ich bringe dich nach Hause.

NIKLAS *(steht auch auf)*. Es ist kein Spiel. Ich habe deinen Einwänden zugehört, und sie taugen alle nichts. Die Geschichte, von der du immer geredet hast und jetzt doch nichts lernen willst, lehrt uns, dass es ernst ist. Mir wäre lieber, jemand anderes würde sich um Peters kümmern. Würde Peters beseitigen. Aber ich sehe niemand.

GERTZ *(ungläubig)*. Ihr seid verrückt. Ihr könnt doch nicht …

(Er sieht Esther an. Sie schüttelt stumm den Kopf. Er sieht die anderen an, findet in den Gesichtern nur Ablehnung und geht.)

Szene 3.6

Ehe Gertz von der Bühne abgeht, springt Paul auf, packt Gertz, zerrt ihn an den Tisch, hält ihn fest.

PAUL. Was soll das heißen: Wir können nicht? Willst du uns aufhalten? Willst du uns anzeigen?

GERTZ. Lass mich los!

PAUL. Hör mir genau zu. Wenn wir angezeigt werden, wenn die Polizei kommt, davor oder danach, werden du und deine Frau und deine Kinder eures Lebens nicht mehr froh. Auch wenn ich im Gefängnis sitze. Ich kenne Leute, die keine Skrupel haben, und ich werde ihnen sagen, was sie zu tun haben, wenn uns etwas passiert. Wenn du schon nicht mitmachst, dann bete zu Gott, dass wir es schaffen und uns nichts passiert. *(Er lässt Gertz los und gibt ihm einen Stoß Richtung Abgang. Gertz stolpert, fällt beinahe, richtet sich wieder auf und sieht Paul entsetzt an.)*

PAUL. Du kannst gehen. *(Gertz geht ab.)*

MARIA *(schluchzt)*. Ich weiß, dass wir uns die Hände schmutzig machen müssen. Aber es wird so hässlich, so …

PAUL *(geht zu ihr, tritt hinter ihren Stuhl, legt die Arme um sie)*. Es ist vorbei, es ist vorbei. Es tut mir leid, dass es hässlich wurde. Aber Gertz muss wissen, dass er uns nicht anzeigen kann, und ich wusste uns nicht anders zu helfen.

NIKLAS. Stimmt das? Kennst du Leute, die keine Skrupel haben, auch wenn es um Frauen und Kinder geht?

PAUL *(richtet sich auf)*. Mein Vater ist Bauunternehmer. Er könnte sich nicht halten, wenn er nach den Regeln spielte.

MARIA. Als du gesagt hast, du arbeitest – ist das bei euch auf dem Bau?

PAUL. Ja. Ich meine mit den Skrupellosen nicht die Kollegen vom Bau. Ich meine die von der Mafia, die die Kollegen herholen und unterbringen und ausbeuten.

MARIA *(versucht einen Scherz)*. Daran ist Peters nicht schuld.

PAUL *(ernsthaft)*. Nein, daran ist er nicht schuld. *(Er lacht.)* Die Schuld ist eine Primzahl.

(Fabian steht auf und geht ins Haus.)

Szene 4.1

Wie in der letzten Szene. Fabian kommt aus dem Haus, Weinflaschen im Arm, stellt sie auf den Tisch, macht eine auf, dann noch eine.

FABIAN. Wer will Weiß, wer will Rot?
(Er schenkt aus der einen Flasche ein, Paul aus der anderen.)

FABIAN. Stoßen wir auf unseren Erfolg an! Gertz wird sich's überlegen, ehe er in der nächsten Klasse wieder so große Töne spuckt.

MARIA *(traurig)*. Schöner Erfolg.

FABIAN. Er hat mich fast dazu gebracht, Geschichte zu studieren. Aber das ewige Moralisieren, die ewigen Ermahnungen zum aufrechten Gang und zur Zivilcourage und zum Widerstand – es ist mir entsetzlich auf den Geist gegangen.

MARIA. Aber er hatte recht. Auch wenn er heute versagt hat.

FABIAN. Heute? Du hast es doch auch gesagt – es hat bei ihm immer nur zu Stolpersteinen und Mülltrennung gereicht und dazu, auf dem Historikertag einen toten Nazi fertigzumachen. *(Zu Niklas.)* Oder?

NIKLAS. Werner Henze. Er hat bei den Nazis Ostforschung gemacht. Ich weiß nicht, ob er selbst ein Nazi war.

FABIAN. Wenn man nur redet, was alle reden, und sich, wenn's ernst wird, rausredet, man habe es sich beim Reden vielleicht zu einfach gemacht, hat man nicht Zivilcourage und Widerstand zu predigen. *(Er ahmt Gertz karikierend nach.)* »Ich fürchte, ich habe es mir zu einfach gemacht, als ich sagte, ich hätte Hitler 1931 erschossen.«

MARIA. Dann war er kein würdiger Prediger. Aber die Predigt hat gestimmt. Das weißt du so gut wie ich. Deshalb tun wir, was wir tun.

FABIAN. Ach, Maria. Was wir heute Abend getan haben, war Gertz eine Lehre erteilen. Vielleicht begreift er sie nicht, vielleicht macht er einfach so weiter mit seiner großen Klappe und seinen großen Tönen. Dann können wir ihm nicht helfen. Aber wir haben es versucht.

(Die anderen schauen Fabian entgeistert an.)

FABIAN. Was ist los?

MARIA *(enttäuscht, verletzt, verächtlich)*. Du hast nur ein Spiel gespielt.

FABIAN *(von der Verachtung irritiert)*. Ihn von seinem hohen Ross holen war kein Spiel. Es war ernst, und wir waren mit Ernst dabei. Und wir waren gut. Wir hätten uns die Bälle nicht besser zuspielen können.

NIKLAS. Fabian, Fabian. Wir haben drei Jahre nebeneinandergesessen, und ich weiß, dass du gerne spielst. Aber doch nicht heute! Und du kannst nicht geglaubt haben, dass wir gespielt haben. Du kennst uns zu gut. Du hast nicht nur mit ihm gespielt, sondern auch mit uns. Ich mag das nicht.

FABIAN *(flüchtet sich in Ärger)*. Ihr könnt doch den Baader-Meinhof-Quatsch nicht ernst meinen! Mit dem Blumenstrauß an der Tür klingeln und, wenn Peters aufmacht, schießen? Und wenn die Frau oder die Kinder dazwischengeraten, auch die erschießen? Dann geht etwas schief, bei so was geht immer etwas schief, und ihr müsst fliehen und noch mehr schießen. Wofür? Dass

Peters nicht eines ungewissen Tages Bundeskanzler wird?

ESTHER. Lass, Fabian. Das hatten wir. Natürlich ist es ungewiss. Wie es am 20. Juli 1931 ungewiss war, ob Hitler Reichskanzler wird. Wie es zunächst ungewiss war, ob Orban Ungarn und Kaczynski Polen plattmacht.

FABIAN. Plattmacht? Polen und Ungarn sind nicht platt. Sie sind anders. Sie hatten noch nie Demokratie, sie kennen das nicht, sie wollen das nicht. Dass sie sich von autoritären Finsterlingen regieren lassen, sagt doch nicht, dass das auch bei uns geht. Gespielt? Ich hab doch nicht mit euch gespielt. Ich hab nicht mit offenen Karten gespielt, ich weiß, aber ich will Journalist werden, und als Journalist …

NIKLAS *(unterbricht)*. Ich mag es nicht, Fabian.

ESTHER. Ich mag es auch nicht.

FABIAN. Und Paul mag es auch nicht, und Maria, die gute Seele, erst recht nicht. Was jetzt?

MARIA. Sei einfach still.

(Fabian macht ein beleidigtes und verstocktes Gesicht und zuckt die Schultern. Die anderen sitzen benommen da. Esther steht auf, nimmt ihren Stuhl und setzt sich an das andere Ende des Tischs ins Dunkel.)

NIKLAS *(langsam)*. Ich habe viel über damals gelesen. Der Boden ist einfach weggerutscht. 1931, '32, '33 – die Leute haben gearbeitet und geliebt und sich um ihre Familien und ihre Freunde gekümmert und sind ins Gasthaus und ins Theater gegangen und in die Ferien gefahren. Politik, ja, sie haben verfolgt, was in der Politik geschah, Krisen, Kabinette, Wahlen, und es ging immer schlecht und recht weiter. Dass Hitler Reichskanzler wurde und das

Ermächtigungsgesetz beschlossen wurde und die ersten Konzentrationslager eingerichtet wurden, waren für die meisten nur Zeitungsmeldungen. Bis auf einmal alles anders war.
(Fabian wird unruhig, will etwas sagen, erinnert sich aber daran, dass er still sein soll.)

NIKLAS. Erinnert ihr euch, wie die Welt noch vor ein paar Jahren aussah, als wir anfingen, uns für sie zu interessieren? Amerika hatte den ersten schwarzen Präsidenten und sollte danach die erste Präsidentin bekommen, in den arabischen Ländern hatte es einen politischen Frühling gegeben, bei den neuen Mitgliedern der EU in Osteuropa knirschte es, ging aber voran, und bei uns lief es ein bisschen gemächlich und langweilig, aber man musste um nichts Angst haben. Und jetzt …

FABIAN. Und jetzt? Ich weiß, ich soll still sein. Aber Angst? Worum muss man Angst haben? Das Leben hört nicht auf, es geht weiter.

PAUL. Das Leben hört nicht auf? Schön wär's. Wir sehen doch, was aus dem Klima und der Natur wird und den nächsten Generationen droht. Wenn es weiter schiefläuft, hört das Leben auf.

FABIAN *(wütend)*. Selbst wenn – was wäre so schlimm, wenn das Leben, wie wir es kennen, aufhört und die Evolution wieder von vorne beginnt?

PAUL. Das ist nicht dein Ernst.

FABIAN. Doch, es ist mein Ernst. Ihr meint, das Leben, wie wir es kennen, muss immer weitergehen? So toll ist es nicht. Warum nicht ein neuer Anfang, eine neue Evolution? *(Er seufzt.)* Wir werden uns nicht einig. Du willst Ingenieur werden, du hast eine Vorstellung davon, wie die Welt und die Dinge funktionieren sollen, und du packst zu und greifst ein, damit sie's tun. Ich will nicht zupacken und eingreifen. Ich will beobachten, was geschieht, und schreiben, was ich beobachte. Ich finde alles spannend, Richtiges wie Falsches, Krankes wie Gesundes, ja, ich weiß oft nicht einmal und will auch gar nicht wissen, was krank und was gesund ist, solange es spannend ist.

NIKLAS. Du hättest auch das Dritte Reich spannend gefunden? Den Krieg? Auschwitz? Du hättest Hitler am 20. Juli 1931 selbst dann nicht erschossen, wenn du genau gewusst hättest, was kommt?

FABIAN. Was kam denn? Im Westen kamen Demokratie und Wohlstand, im Osten immerhin Industrialisierung und Bildung, die Kolonien wurden frei, und die Juden bekamen ihren Staat. Du kannst doch nicht nur bis 1945 sehen! Die Toten, ich weiß. Aber Menschen sterben nun einmal.

NIKLAS. Das ist zynisch.

FABIAN. Es ist die Wahrheit. Keine Bange, ich lasse euch nicht auffliegen. *(Lacht.)* Und wenn ihr es tatsächlich macht, mache ich vielleicht auch mit – warum eigentlich nicht. Wenn wir gefasst werden, gibt uns der Richter sechs Jahre, ich schreibe im Gefängnis einen Bestseller, und meine Karriere als Journalist steht. Kennt ihr Ernst von Salomon? Heute kennt ihn keiner mehr, aber er war beim Mord an Rathenau dabei, bekam ein paar Jahre, schrieb darüber und wurde ein erfolgreicher, verhätschelter Rowohlt-Autor.

Szene 4.2

Esther bleibt am anderen Ende des Tischs sitzen. Zu den vier anderen tritt mit seinem schweren Schritt der Alte.

DER ALTE. Darf ich mich dazusetzen?

FABIAN. Sie mögen mich nicht mehr. Aber hier gibt's keine Sippenhaft. Setz dich.
(Peters tritt an den Tisch und hinter den Alten, bleibt dort stehen, tätschelt dem Alten manchmal die Schulter, geht, während Maria am Ende der Szene spricht, wieder an den Rand der Bühne.)

DER ALTE. Ich gehe nicht zur Polizei. Mir liegt nichts an Peters. Aber wenn ihr ihn umgebracht habt und der nächste Rechte mit Charisma kommt – bringt ihr den auch um? Und dann den nächsten? Was, wenn noch einer und noch einer kommt, weil ihr es mit einem neuen Abschnitt der Geschichte zu tun habt? Weil nach ein paar Jahrzehnten Demokratie wieder ein paar autoritäre Jahrzehnte dran sind? Demokratie ist anstrengend. Man muss sich kümmern, man muss wählen, man muss sich engagieren, in der Gemeinde, in einer Partei, in der Gewerkschaft, man muss geduldig sein, weil in der Demokratie nicht durchentschieden, sondern ausgehandelt wird, man muss mit Kompromissen leben, manchmal guten, oft schlechten. Nach ein paar Jahrzehnten werden die Menschen all dessen müde. Wenn dann einer kommt und ihnen die Mühen der Demokratie abnimmt, gefällt ihnen das. Es scheint, wir sind wieder so weit. In Ungarn, in Polen, in Amerika, in Österreich – schaut, wohin ihr wollt, die Zukunft ist autoritär.

FABIAN. Gut gesagt, Alter. Das Leben hört nicht auf, es geht weiter, mal so und mal so, mal demokratisch und mal autoritär.

NIKLAS. Was ist denn das für eine Geschichtsphilosophie! Alle autoritären Regime scheitern früher oder später und werden von Demokratien abgelöst. Faschistische Regime, kommunistische Regime – schauen Sie, wohin Sie wollen, die Zukunft war immer demokratisch.

DER ALTE. Nach einer Weile werden die Menschen der autoritären Regime müde. Sie halten nicht, was sie versprechen. Wenn die Menschen das merken, wollen sie wieder die Demokratie.

NIKLAS *(ironisch)*. Also am besten alles laufen lassen. Dann läuft es rascher, und wir haben es früher hinter uns.

DER ALTE. Ich sage nur, dass ihr es nicht mit Peters zu tun habt, sondern mit einem neuen Abschnitt der Geschichte.

NIKLAS *(wieder ironisch)*. Der über uns kommt wie das Wetter.

DER ALTE. Sie machen sich über mich lustig. Ich sage eine Wahrheit, die man nicht mag, zumal als junger Mensch, der die Welt gestalten, verändern will. Natürlich kann man sich dem Abschnitt der Geschichte, in den man gestellt ist, verweigern. Aber dadurch verhindert man ihn nicht. Das Ancien Régime hat Bestand, bis die Revolution kommt, und der Faschismus und Kommunismus enden erst, wenn sie sich erschöpft haben, nicht weil ein paar Menschen Widerstand leisten und Märtyrer werden.

PAUL. Das ist mir alles zu theoretisch. Wenn Hitler 1931 erschossen worden wäre, hätte es ihn nicht mehr gegeben.

DER ALTE. Wir werden sehen. Ob Sie Peters ermorden oder nicht – es wird keinen Unterschied machen.

PAUL. Wie wollen Sie das sehen? Er wird ermordet oder nicht ermordet – Sie können nicht beides sehen. Ich glaube nicht an Kreisläufe in der Geschichte oder Ebbe und Flut, mal demokratisch, mal autoritär. Das ist alles Spekulation. Die Zukunft ist ungewiss, manches ist immerhin wahrscheinlich – das muss mir genügen.

DER ALTE. Ich habe eingangs von Ihren Zukunftsplänen gehört. Wenn Sie sie verwirklichen, haben Sie ein erfülltes Leben vor sich, wie immer es um das Land steht, demokratisch oder autoritär. Das Leben mit Frau oder Mann und Kindern, mit Familie und mit Freunden, mit dem Beruf und den Aufgaben in der Gemeinschaft – das ist das wirkliche Leben. Ergreifen Sie es!

MARIA. Wie immer es um das Land steht? Wie immer es regiert wird, wie immer um einen herum diskriminiert und verfolgt und unterdrückt wird? Das soll das wirkliche Leben sein? Sie können nur so reden, weil um Sie herum die Welt in Ordnung war. Wenn sie das nicht ist, muss man sie in Ordnung bringen. Und muss dafür auch das Leben riskieren, sonst gibt es kein Leben zu ergreifen.

Szene 4.3

Maria nimmt ihren Stuhl und eine der Kerzen und setzt sich zu Esther. Die Kerzen am anderen Ende des Tischs flackern und verlöschen. Der Alte steht auf, stützt sich auf den Tisch, und Fabian führt ihn ins Haus. Niklas und Paul bleiben im Dunkel zurück.

MARIA *(zu Esther)*. Du musst nicht mitmachen, nur weil Ulrich nicht mitmacht.

ESTHER. Stimmt es, dass alle von Uli und mir wissen? Wie lange weißt du es schon?

MARIA. Schon lange, die Klasse weiß es schon lange.

ESTHER. Ist mir egal.

MARIA. Ich habe mich immer gefreut, dass niemand dich deshalb angemacht hat.

ESTHER. Ist mir auch egal. Und bei Peters mitmachen – auch das ist mir egal. Uli hatte mir gesagt, wenn wir nicht mehr Lehrer und Schülerin sind, wird alles anders. Aber nichts wird anders. Er will weiter mit mir … Er will es nur bequemer haben. Er kriegt in Leipzig einen Lehrauftrag und kommt einmal die Woche, freitags, und wenn er es einrichten kann, bleibt er auch am Samstag.

MARIA. Was hast du erwartet? Dass er Frau und Kinder verlässt?

ESTHER. Halte mich für dumm. Ja, das habe ich erwartet. Ich dachte, es würde aufrichtiger und verbindlicher. Ich dachte, nach dem Abitur würde alles verbindlicher, die Liebe, das Lernen, der Beruf, die Politik, alles. Nicht nur zuhören und zusehen und reden, sondern sich entscheiden und handeln. Es stimmt schon, was wir über Peters gesagt haben, dass er beseitigt gehört, dass wir ihn beseitigen müssen. Aber auf einmal kommt es mir so beliebig vor. Was ich mache und was ich studiere und was ich werde und wen ich liebe und wen ich umbringe – ist doch egal. Ich bin egal. *(Sie weint.)*

MARIA. Du bist nicht egal. Du bist nur Ulrich nicht so wichtig, wie du dem Mann wichtig sein solltest, den du liebst.

ESTHER. Er ist kein schlechter Mensch.

MARIA *(lacht)*. Nein, ist er nicht. Er ist nur nicht der Richtige für dich. Er ist zu egoistisch und zu verheiratet. Alle Jungen in der Klasse haben irgendwann einmal für dich geschwärmt. Das wird an der Uni nicht anders.

ESTHER. Ich will doch nicht umschwärmt sein.

MARIA. Ich wäre gerne mal umschwärmt.

ESTHER. Ich wäre gerne so gescheit, wie Fabian gesagt hat. Ich freue mich aufs Studium. Ich weiß nicht, was mich erwartet, nur dass es um Gerechtigkeit geht und Gesetze und Gerichtsentscheidungen. Und um Kniffe und Finten, und ich möchte sie alle kennen. Ich will der Trickster der Gerechtigkeit werden.

(Maria sieht Esther lange an, bis Esther unsicher und unruhig wird.)

ESTHER. Habe ich …

MARIA *(legt ihre Hand auf Esthers)*. Peters – das ist nichts für dich. Ja, was wir gesagt haben, stimmt. Aber es muss auch für dich stimmen, und das tut es nicht. Du bist Offenheit und Ordnung, nicht Heimlichkeit und Durcheinander. Studier Jura, und mach dich für die Verfassung, die Gesetze, die Gerichte stark. Geh ohne Ulrich nach Leipzig – auch die Heimlichkeit und das Durcheinander mit ihm sind nichts für dich. Er ist nichts für dich. Nicht, weil er nicht mitmacht, und nicht, weil er verheiratet ist. Er hat keinen inneren Kompass.

ESTHER. Und du? Warum willst du mitmachen?

MARIA. Ich kann nicht die Gute und Liebe und Sanfte bleiben.

ESTHER. So lieben wir dich.

MARIA. Ich bin es, weil ich keinen Abstand zur Welt habe. Sie kommt zu nahe an mich ran, sie macht mir Angst. Deshalb bin ich so. Statt mich zu stellen, weiche ich aus und bin lieb und sanft. Ich will das nicht mehr. Ich weine zu viel.

ESTHER. Aber du bist nicht schwach. Du hast einen inneren Kompass. *(Sie denkt nach.)* Du sagst, Uli hat keinen – habe ich einen? *(Sie sieht Maria auffordernd an.)* Sag's mir!

MARIA *(sieht Esther wieder lange an, legt die Arme um sie und hält sie)*. Du wirst mir fehlen.

Szene 4.4

Fabian kommt aus dem Haus, Kerzen in der Hand. Er tritt zu Esther und Maria an deren Ende des Tischs.

FABIAN. Ich dachte, ihr braucht vielleicht auch eine neue.

MARIA *(nimmt eine Kerze, zündet sie an, sieht Fabian an)*. Mit mir – das war auch nur ein Spiel. Ob du mich rumkriegst.

FABIAN. Ich habe dich nicht rumgekriegt.

MARIA. Weil es nur ein Spiel war. Ich hätte, als ich wieder

gesund war und in die Klasse kam, gerne einen Freund gehabt.

FABIAN. Ich habe mich in dich verliebt, als du zu uns kamst.

MARIA. Du kannst das gut: den Ernsthaften spielen. Als Paul und ich vorhin kamen, warst du so überzeugend, dass ich dachte, ich hätte dir vielleicht unrecht getan und du wärst anders, als ich dich immer gesehen habe.

FABIAN. Ich war wirklich in dich verliebt.

(Esther steht auf und geht an das andere Ende des Tischs. Fabian setzt sich.)

FABIAN *(sieht Maria direkt an)*. Ich bin immer noch in dich verliebt. Das Spielen ist wie ein Reflex – ich bin in einer Situation und sehe, was in ihr drin ist und was sich aus ihr machen lässt, und ich muss es tun.

MARIA. Das stimmt nicht, Fabian. Wir fünf sind in einer Situation, und wir wissen, was in ihr drin ist und was wir aus ihr machen müssen, und du tust es nicht, sondern redest von der Evolution, die wieder von vorne beginnen kann. Dich zwingt kein Reflex, du machst dir einen Spaß. Du spielst und redest andere in das Spiel rein und dich aus dem Spiel raus, und es sind alles nur leere Worte. Du willst beobachten, was geschieht, und schreiben, was du beobachtest? Wenn eine Geschichte drin ist, die nicht stimmt, sich aber gut erzählt, wirst du auch sie erzählen. Warum solltest du nicht?

FABIAN *(sieht einen Moment zu Boden, sieht auf, sieht Maria wieder direkt an)*. Du hältst nicht viel von mir.

MARIA *(lächelt)*. Na und?

FABIAN. Als ich dich *(Er zögert, scheut sich vor dem Wort, sagt es aber doch.)* nicht rumgekriegt habe, habe ich mir ausgemalt, dass du mich eigentlich magst oder immerhin irgendwie interessant findest, aber vor meiner Direktheit, meiner Schroffheit, meinem Zynismus zurückschreckst.

MARIA. Ach, Fabian. Ihr Männer mit euren Phantasien!

FABIAN *(braucht wieder einen Moment)*. Oder bin ich zu jung für dich? Du bist fast drei Jahre älter als ich, und vor einem Jahr habe ich dich mit jemand aus dem Kino kommen sehen, der auch schon älter war, ein Student oder ein Assistent, und ihr passtet zueinander, und ich dachte: Was bilde ich mir ein?

MARIA *(belustigt)*. Dass du dich fragst, was du dir einbildest, kann ich mir nur schwer vorstellen. Vor einem Jahr, das war mein Vetter, der hier studiert, und wir passen überhaupt nicht zueinander. Nein, Fabian, es ist einfach. Du bist gescheit, du bist witzig, du bist unterhaltsam – ich schaue dir bei deinen Spielen zu, und es ist nie langweilig. Bis es mich dann doch langweilt, weil es oberflächlich bleibt.

FABIAN. Manchmal komme ich mir selbst fake vor. Ich bräuchte … *(Er sieht sie fragend, suchend, bittend an.)*

MARIA *(lacht)*. Du brauchst keine Frau, die dich rettet. Du hast Niklas zum Freund und weißt, wie nicht-oberflächlich, nicht-verspielt, wie ernsthaft geht.

FABIAN *(sieht wieder einen Moment zu Boden und dann auf)*. Bleiben wir Freunde?

MARIA. Wir waren nie Freunde. Wir gehörten zur selben Clique. Aber wenn du in der Stadt bist und dich meldest, freue ich mich. Ich bin gespannt, wie es mit dir weitergeht.

FABIAN. Wie es mit mir weitergeht … Was für eine Ärztin willst du eigentlich werden?

MARIA. Allgemeinmedizinerin oder Psychiaterin. Ich würde zum Studium nach Wien gehen. Ich habe das Geld nicht, ich müsste meinen Vater verklagen und will das nicht, und als Krankenschwester kann ich mir das Studium finanzieren.

FABIAN. Das tut mir …

MARIA. Nichts, was dir leidtun müsste. *(Sie steht auf.)* Du gehst bald? Ich meine, ins Haus und auf dein Zimmer? Wir stellen die Sachen in die Küche, ehe wir gehen.

Szene 4.5

Maria nimmt die Kerze, die sie angezündet hat, und geht zu den anderen an deren Ende des Tischs. Fabian bleibt im Dunkel sitzen.

MARIA *(zündet eine Kerze an)*. Warum sitzt ihr im Dunkel? *(Zu Niklas.)* Bringst du Esther nach Hause?

NIKLAS *(zu Esther)*. Geht es dir nicht gut?

ESTHER. Maria findet, ich gehöre nach Hause. Sie meint es gut mit mir. Aber ich bleibe noch, wenn du noch bleibst.

NIKLAS. Natürlich bleibe ich. Wir brauchen Fabian nicht. Wir müssen umdisponieren, aber das müssen wir ohne Gertz ohnehin, und mit dem Disponieren waren wir auch erst am Anfang.

PAUL. Es bleibt dabei – wir müssen alles über Peters rauskriegen und uns mit den Waffen vertraut machen. Esther und Niklas kümmern sich um ihn, Maria und ich uns um die Pistole.

MARIA. Esther macht nicht mit. Und Niklas ist auch nur

mit dem Kopf dabei und nicht mit dem Herzen. *(Zu Niklas.)* Nein, nicht mal mit dem Kopf bist du wirklich dabei. Du hast viel zu viele Zweifel. Du vertrittst zwar Positionen, als seist du voll und ganz von ihnen überzeugt, besonders dann, wenn andere das Gegenteil vertreten. Nicht um zu spielen, wie Fabian, sondern weil du denkst, dass sich im Gegeneinander der Positionen die Wahrheit herausstellt.

NIKLAS. Ist doch nicht falsch?

MARIA. Sage ich auch nicht. Ich sage nur, dass du so bist und dass du deine Zweifel hast, ob das mit Peters eine gute Idee ist. Wenn wir dir die Pistole auf die Brust setzen und du dich entscheiden musst, mitmachen oder nicht mitmachen, machst du vielleicht sogar mit, weil du uns magst und uns nicht im Stich lassen oder vor uns nicht als Feigling dastehen willst. Aber du bist froh, wenn wir dir nicht die Pistole auf die Brust setzen.

NIKLAS. Vielleicht sollten wir uns wirklich mehr Zeit geben.

PAUL. Bin ich im falschen Film? Was ist mit dir los? Esther – sie ist die Jüngste, sie trägt Schottenröcke und Kaschmirpullover und Perlenkette, *(Zu Esther.)* steht dir gut, ich mag's an dir, sie hat's mit Gertz – ich verstehe, dass Peters nichts für sie ist. *(Zu Niklas.)* Aber du kannst jetzt doch nicht kommen und sagen: nichts gewesen.

NIKLAS. Sag ich auch nicht. Ich sage nur, dass wir alle erst mal wegfahren sollen, wie wir's geplant haben, und uns wieder treffen und weiterreden, wenn wir im September zurück sind. Dann haben wir für Peters bis zum Semester im Oktober noch genug Zeit. Der Abstand wird uns guttun.

MARIA. Wahrscheinlich hätten auch Elser und Stauffenberg ein paar Wochen Ferien vor den Attentaten gutgetan.

NIKLAS *(unsicher)*. Das war das erste Mal, dass ich von dir eine ironische Bemerkung gehört habe. Machst du dich über mich lustig?

MARIA. Nein, Niklas, ich mache mich nicht über dich lustig. Du hast schon recht.

NIKLAS *(ratlos)*. Aber warum ...

ESTHER *(steht auf)*. Lass gut sein, Niklas. Maria hat recht. Es ist lieb, wenn du mich nach Hause bringst. Ich sage nur noch Fabian gute Nacht.

(Esther geht zu Fabian. Paul hat es die Sprache verschlagen; er sieht dem folgenden Wortwechsel zwischen Maria und Niklas kopfschüttelnd zu.)

NIKLAS. Hältst du mich jetzt für einen Feigling? *(Blickt kurz zu Paul.)* Wie er? Ich habe gesagt, Ulrich sei einer, große Klappe, große Töne, und dann, wenn's ernst wird, ist er nicht dabei.

MARIA. Vielleicht bist du zu streng gewesen. Auch darüber kannst du nachdenken, wenn du weg bist.

NIKLAS *(unruhig)*. Mir ist nicht wohl, wenn wir so auseinandergehen. Irgendwas stimmt nicht, irgendwie habe ich das Gefühl, dass ich mich drücke oder dass du denkst, dass ich mich drücke, und dass auf einmal ein Abstand zwischen uns ist.

MARIA. Entscheidungen schaffen Abstand. Zwischen dem Denken und dem Handeln. Wenn du entscheidest, ist mit dem Denken Schluss und fängt mit dem Handeln was Neues an.

NIKLAS. Findest du, ich kann nicht entscheiden?

MARIA. Ach, Niklas, was du auf einmal alles von mir wissen willst! Man muss nicht entscheiden. Dann handelt man eben nicht. Aber man muss auch nicht handeln. *(Esther umarmt Fabian. Fabian sieht zu den anderen am Tisch, zuckt die Schultern, geht ins Haus. Esther kommt zurück an den Tisch.)*

ESTHER. Gehen wir?

MARIA *(umarmt beide)*. Behüt euch Gott!

(Esther und Niklas gehen ab in die Dunkelheit.)

Szene 4.6

Der Tisch. Maria und Paul sitzen sich gegenüber.

PAUL. Wir sind die Letzten.

MARIA. Ja.

PAUL. Und die Einzigen. Ich weiß nicht, wie wir beide das alleine hinkriegen. Aber wir fangen mit dem Ausspionieren an und werden dann schon merken, wie es gehen kann. Du hast ab August nicht mehr viel Zeit. Fangen wir gleich morgen an?

MARIA. Ich würde es mit niemand lieber machen als mit dir. Aber sei mir nicht böse – du hast am wenigsten damit zu tun.

PAUL. Was soll denn das heißen? Wir haben alle gleich viel damit zu tun, was aus unserem Land und unserer Welt wird.

MARIA. Nein, haben wir nicht. Fabian kann nicht schreiben, wenn es keine Freiheit des Worts gibt, oder er lässt sich korrumpieren und schreibt, was man von ihm verlangt. Niklas kann nicht mehr rausfinden, wie es war, und das ist, was er als Historiker will: rausfinden, wie es war. Esther will Juristin und Kämpferin für die Gerechtigkeit werden, und damit steht sie, wenn es autoritär zugeht, auf verlorenem Posten. Sie alle hätten Grund, Peters umzubringen. Du bist praktisch, du arbeitest auf dem Bau, du kommst mit den anderen Arbeitern und mit der Mafia zurecht, du wirst Ingenieur. Politisch kann es aussehen, wie es will – du machst was Vernünftiges. Ich weiß, Ingenieure bauen auch Grenzanlagen und Gefangenenlager. Aber es gibt genug anderes, was sie bauen können, gute Sachen.

PAUL. Es geht doch nicht um uns persönlich.

MARIA. Doch, Paul. Es geht immer um beides, die Aufgabe und die Person und die richtige Person für die richtige Aufgabe.

PAUL. Warum solltest du die richtige Person für die Aufgabe sein?

MARIA. Weil ich Ärztin werden will.

PAUL. Aber Maria! Für Ärzte gilt erst recht, dass sie was Vernünftiges leisten können, mag es politisch noch so schlimm aussehen.

MARIA. Ich weiß. Aber ich werde nicht die Ärztin, die ich werden will, wenn ich die Gute, Sanfte, Liebe bleibe, die alles zu nahe an sich rankommen lässt und bei allem weint. Deshalb bin ich die Richtige für die Aufgabe.

PAUL. Weil sie dich stark und böse macht?

MARIA. Weil sie mich stark und böse macht.

PAUL *(schüttelt den Kopf)*. Alleine schaffst du das nicht.

MARIA. Ich schaffe es. Jedenfalls mache ich es nicht mit dir. *(Sie steht auf.)*

PAUL. Du schaffst es alleine wirklich nicht.

MARIA. Lass gut sein, Paul. Geh nach Hause.

PAUL *(steht auf, steht verwirrt und unglücklich da)*. Mir fällt nicht einmal ein Spruch ein.

MARIA. Das macht nichts. Und schau nicht so. Wir sehen uns wieder.

(Paul steht und schaut auf den Boden. Dann geht er zögernd einen Schritt auf sie zu.)

MARIA. Ja, komm, lass dich umarmen.

(Sie umarmen einander. Paul geht langsamen Schritts.)

Szene 5.1

Die Bank, auf der Esther und Niklas in der zweiten Szene saßen, im schwachen Schein einer etwas entfernt stehenden Straßenlaterne. Esther und Niklas nähern sich der Bank und setzen sich.

NIKLAS. Ist Maria fromm?

ESTHER. Ich habe sie nie fromm reden gehört. Bist du fromm?

NIKLAS *(lacht)*. Um Gottes willen!

ESTHER. Ich habe das gemocht: Behüt euch Gott. Es wäre schön, wenn wir uns nicht immer selbst behüten müssten.

NIKLAS *(nimmt ihre Hand)*. Ich will dich gerne behüten. Nicht dass ich dächte, du als Frau bräuchtest einen Mann, der …

ESTHER *(lacht, lässt ihm ihre Hand)*. Ist gut. Ich habe dich schon verstanden.

NIKLAS. Ulrich und du, ihr standet mal abseits – hast du mit ihm geredet? Aber das geht mich nichts an. Entschuldige, ich dränge mich …

ESTHER. Nein, du drängst dich nicht in meine Dinge. Ich habe ja vorhin davon angefangen. *(Sie macht eine Pause.)* Er verlässt seine Frau und seine Kinder nicht. Aber er kommt jedes Wochenende zu mir nach Leipzig. Er … er braucht Zeit, sich für mich und gegen sie zu entscheiden. Ich bin auch nicht bereit, sein Kind zu haben. Ein Kind zu haben.

NIKLAS. Du treibst ab?

ESTHER *(entzieht ihm ihre Hand)*. Ja.

(Sie sitzen eine Weile schweigend.)

ESTHER. Warum machst du nicht mit bei Peters?

NIKLAS. Ich brauche noch Zeit.

ESTHER. Wie Ulrich.

NIKLAS *(irritiert)*. Was sollen er und ich …

ESTHER. Ihr braucht noch Zeit? Ihr traut euch nicht, nein zu sagen.

NIKLAS. Was ist denn mit dir?

ESTHER. Oh, ich bin zu feige. Ich sollte es tun. Alle Argumente, es zu tun, sind richtig, und alle, es nicht zu tun, falsch. Aber mein Gefühl sagt mir, dass nicht ich es tun soll, sondern jemand anderes. Und das ist Feigheit.

NIKLAS. Feigheit … du denkst, dass auch ich feige bin?

ESTHER. Hast du nicht gesagt, du kennst Feigheit, bei anderen und auch bei dir? Du bist sogar doppelt feige. Du bist zu feige, es zu tun, und zu feige, es dir und uns einzugestehen.

NIKLAS. Das sagst du so.

ESTHER. Ich halte es nicht gegen dich. Es wäre schön, wenn

wir anders wären, aber wir sind so. Ich habe heute gelernt, dass ich nicht zu viel erwarten darf, nicht von anderen und auch nicht von mir. Wenn ich zu viel erwarte, werde ich ständig enttäuscht. *(Sie lacht.)* Aber wenn ich nichts erwarte, ist alles egal – das kann's auch nicht sein. *(Niklas nimmt wieder ihre Hand, und sie lässt sie ihm. Sie sitzen nachdenklich nebeneinander. Dann lässt Niklas ihre Hand los.)*

NIKLAS. Ich will nicht so sein. Ich will nicht der sein, den du beschreibst.

ESTHER. Was hilft's, wenn du nun mal der bist? Ich muss auch damit leben, dass ich so bin.

NIKLAS. Ein Feigling …

ESTHER. Ich sage nicht, dass du ein Feigling bist. Ich bin sicher, dass du als Historiker tapfer für die Wahrheit streiten wirst. In Büchern und in Aufsätzen und auf Vorträgen. Ich sage nur, dass du zu feige bist, beim Anschlag auf Peters mitzumachen. Oder zu vorsichtig oder zu besonnen oder zu langsam – oder dein Ding ist Denken und nicht Handeln. Es kommt alles auf dasselbe raus.

NIKLAS. Woher willst du wissen, dass ich so bin? Dass du so bist? Wir sind doch nicht fertig, ich nicht, und du mit deinen 18 Jahren erst recht nicht. Außerdem ist langsam was anderes als feige. Manchmal ist der Schritt vom Denken zum Handeln schwer und braucht es Zeit, bis die Entscheidung steht. Und das Gefühl – vorhin hat dein Gefühl dir noch gesagt, dass du das Kind haben sollst, und jetzt sagt es dir, dass du abtreiben sollst. Auf das Gefühl ist auch kein Verlass.

ESTHER. Ich brauche einen Kompass.

NIKLAS *(verwirrt)*. Kompass? Wovon redest du?

ESTHER *(steht auf)*. Lass uns gehen.
(Während sie sich auf den Weg machen, sind in der Ferne leise Polizei-, Feuerwehr- und Krankenwagensirenen zu hören.)

Szene 5.2

Paul kommt auf dem Fahrrad an die Stelle, an der Maria den Hund und er sie gefunden hat. Er steigt ab, legt das Fahrrad auf den Boden und setzt sich auf den Bordstein, wie er neben Maria saß. In der Ferne sind weiter leise die Sirenen zu hören.

PAUL *(langsam, stockend)*. Warum fühle ich mich so schlecht? Weil wir was Gutes wollten und nichts daraus wird? Weil Maria alleine ist? Weil sie scheitern wird? Ich sehe sie sitzen, den Tisch vor sich, sie hat noch eine Kerze angezündet und sich noch ein Glas eingeschenkt, und sie ist alleine. *(Er schweigt eine Weile.)* Was stimmt mit uns nicht? Für einen Moment waren wir zusammen und wollten was zusammen, und dann war jeder wieder alleine. Können wir nur jeder alleine? Fabian seine Spiele spielen, Niklas rausfinden, wie die Welt war, Esther, wie sie sein soll, und ich der Ingenieur, dem nichts zu schwer ist? Und weil jeder von uns alleine zu schwach ist, was zu verändern, verändern wir nichts. Sondern überlassen die Veränderung den anderen, den Mächtigen, den Reichen, den Gierigen. Sie halten zusammen. Nicht wenn sie sich um ihre Beute streiten, aber wenn sie ihre Beute machen. *(Er blickt auf und sieht sich um.)* Maria und der

Hund ... Hier kniete sie und wollte ihn nicht loslassen ... Warum wollte sie uns loswerden? Sie wollte uns loswerden, zuerst Esther, dann Niklas, dann mich. Wie die Mutter, die die Kinder zum Spielen schickt, weil die Erwachsenen Erwachsenendinge verhandeln müssen. Und wir sind wie die Kinder gegangen. *(Er schüttelt den Kopf.)* Was war mit uns los? Was war mit mir los? Bin ich auf die Muttertour abgefahren, weil ich keine habe? Maria, die den Hund bettet, Maria, die Esther tröstet, Maria, die mich in die Arme nimmt – war das so unwiderstehlich mütterlich, dass ich mich wie ein Kind gefügt habe? Ich wie ein Kind? *(Er schüttelt noch mal den Kopf.)* Das geht gar nicht. Und wenn Maria sich zur einsamen Heldin machen will, geht das auch nicht. *(Er schweigt eine Weile.)* Was hat sie gesagt? Es langt nicht, dass die Aufgabe stimmt, sie muss auch für die Person stimmen? Aber wenn es persönlich wird, stimmt es gerade nicht mehr. Wenn das politische Attentat aus Ehrgeiz oder Eifersucht geschieht, ist es unsauber. Sauber ist es nur, wenn es als Aufgabe stimmt und nichts sonst eine Rolle spielt, erst recht nichts Persönliches. Die Aufgabe ... *(Er schweigt wieder eine Weile.)* Ich kenne die Mafiosi aus dem Baugeschäft – sie wüssten sicher jemand, der Peters umbringt. Für Geld, aber vielleicht könnten wir es gemeinsam aufbringen. Eine praktische Lösung für die Aufgabe. Wir lassen uns auf nichts ein, wofür uns das Talent fehlt. Wir bringen uns nicht in Gefahr. *(Er schweigt noch mal eine Weile.)* Warum fühlt es sich falsch an? Warum genügt es nicht, dass Peters weg ist? Ich dachte, das mit dem Einsatz des eigenen Lebens sei heroischer Quatsch, Märtyrergedöns. Ich denke es immer noch. Warum also

das blöde Gefühl? Das politische Attentat ist moralisch nur gerechtfertigt, wenn man den Preis des eigenen Lebens zu zahlen bereit ist – wo habe ich das gelesen? *(Er versucht vergebens, sich zu erinnern, schüttelt den Kopf.)* Ist auch egal. Dass man riskieren muss, beim Attentat von der Polizei erschossen oder gefasst und verurteilt zu werden – es macht keinen Sinn. Wenn das Attentat falsch ist, hilft's nicht, dass man zu sterben bereit ist, und wenn es richtig ist – warum soll man sein Leben riskieren? *(Er holt tief Luft.)* Wenn nicht das blöde Gefühl wäre. *(Hinter ihm wird eine Sirene lauter und leiser und kommt und geht ein rotierendes Signal, als fahre ein Einsatzfahrzeug auf der nächsten Straße vorbei. Paul steht auf, hört der Sirene hinterher und hört, dass sie nicht die einzige ist.)* Was zum Teufel ist hier los?
(Er steigt aufs Fahrrad und fährt los.)

Szene 5.3

Maria sitzt alleine, vor sich eine Kerze und ein Glas Wein. Der Alte tritt aus dem Haus und kommt mit schwerem Schritt an den Tisch. Die Sirenen sind nur ganz schwach zu hören.

DER ALTE. Darf ich mich zu Ihnen setzen?
MARIA. Gerne.
DER ALTE. Es ist mehr meine Welt als eure, die untergeht. Die Vor-Orban-, Vor-Kaczynski-, Vor-Trump-, Vor-Peters-Welt. Ich habe lange und gerne in ihr gelebt, ihr habt nur eure Kindheit in ihr verbracht. *(Er macht eine Pause,*

denkt nach.) Manchmal finde ich schade, dass ich nicht erfahren werde, wie es mit der Welt weitergeht. Ich glaube zwar, eine Vorstellung davon zu haben, aber es ist nur eine Vorstellung. Wie wird die autoritäre Welt, wie wird das autoritäre Deutschland funktionieren? Ich bin neugierig. Aber ebenso oft bin ich froh, dass ich es nicht mehr erleben werde. Ich mag die neue Welt nicht, die sich ankündigt.

MARIA. Wie alt sind Sie?

DER ALTE. 72.

MARIA. Dann kann Ihnen die Welt auch egal sein.

DER ALTE. Nach mir die Sintflut? *(Er lacht.)* 72 ist nicht so alt, wie es sich für Sie anfühlt. Vielleicht muss ich die neue Welt noch eine ganze Weile ertragen. *(Er macht wieder eine Pause, denkt wieder nach.)* Und bei allem, was ich über die Abschnitte der Geschichte gesagt habe – wir, meine Generation ist schuld daran, dass die alte Welt untergeht und die neue kommt. Wir haben uns nicht gekümmert, wir haben unsere Demokratie runtergewirtschaftet, wir haben die DA und Peters hochkommen lassen.

MARIA. Ich halte nichts von Ihrer Geschichtsphilosophie. Sie klingt, als wollten Sie sich mit ihr aus der Verantwortung stehlen. Ich werfe es Ihnen nicht vor, was hätte ich davon, aber ja, Ihre Generation hätte vieles anders machen können.

DER ALTE. Wir haben uns alles zu einfach gemacht, viel zu einfach. Wir haben gelebt, als hätten die Dinge von selbst Bestand, die Institutionen, das Recht, die Freiheit. Als könnten wir sie benutzen und müssten uns nicht um sie kümmern. Auch wenn Sie es nicht tun – ich werfe es mir vor. Wenn ich die Bilanz meines Lebens ziehe … *(Er schüttelt den Kopf.)*

MARIA. Die Bilanz Ihres Lebens? *(An ihre Erinnerung verloren.)* Als ich im Krankenhaus war, hatte ich eine Freundin, wir lagen im selben Zimmer. Sie wusste, dass sie sterben würde, und wollte die Bilanz ihres Lebens ziehen. Aber sie belog sich nur immer wieder neu. Ein paar Selbstvorwürfe machen noch keine Lebensbilanz. *(Sie sieht den Alten an.)* Eine Bilanz wird auf einen Stichtag gezogen, und der Stichtag des Lebens ist der Tod. Nach dem Tod können nur andere die Bilanz ziehen.

DER ALTE. Sie wissen zu viel für Ihr Alter. *(Er lacht.)* Sie wissen sogar zu viel für meines!

MARIA. Tut mir leid, ich wollte Sie nicht belehren. Was ich weiß, weiß ich von meinen zwei Jahren im Krankenhaus. Und ich werde keine Bilanz meines Lebens ziehen. Ich kann nur machen, was ich richtig finde, und muss den anderen überlassen, wie sie es in die Bilanz meines Lebens einstellen.

(Wind kommt auf, weht die Papierservietten vom Tisch und rauscht in den Bäumen.)

MARIA. Gibt es ein Gewitter?

DER ALTE *(zuckt die Schultern)*. Es ist seit Wochen zu heiß und zu trocken. *(Er spricht langsam, zögernd weiter.)* Sie haben recht. Es geht nicht darum, was ich seinerzeit versäumt habe, sondern was ich heute mache.

MARIA. Sie sind im Ruhestand. Sie müssen nichts mehr machen.

DER ALTE. Und Sie sind jung und müssen noch nichts machen – außer aufwachsen, studieren, Ihren Platz in der Welt finden.

MARIA. In was für einer Welt? *(Sie schüttelt den Kopf.)* Wir müssen die Welt machen, in der wir unseren Platz finden können.

DER ALTE *(nach langer Pause)*. Ich, wir, meine Generation sollten die Welt machen, in der Sie Ihren Platz finden können, Sie, Ihre Freunde, Ihre Generation. Wenn dafür Peters umgebracht werden muss, sollte ich ihn umbringen. *(Er schüttelt den Kopf.)* Bin ich zu alt? Ich laufe beschwerlich, ich kann nicht lange stehen, ich kann nicht lange im Auto sitzen, ich könnte Peters nicht beobachten oder ihm folgen oder vor der Polizei fliehen. Ich wüsste nicht, wo ich eine Waffe herkriegen sollte. Sie haben eine Pistole? *(Er sieht Maria fragend an und liest in ihrem Gesicht eine Entschlossenheit, die er zunächst nicht wahrgenommen hat und die ihn weiterfragen lässt.)* Sie wollen das tatsächlich alleine machen?

(Maria sagt nichts. Die Sirenen in der Ferne sind lauter zu hören.)

DER ALTE. Das schaffen Sie nicht. Ich weiß nicht, was Sie phantasieren, Judith, Charlotte Corday, Wera Sassulitsch – Judith hatte ihre Magd dabei, als sie Holofernes den Kopf abschlug, und auch die anderen beiden werden Helfer gehabt haben. Nehmen Sie wenigstens mich.

MARIA *(schaut den Alten genau an)*. Sie mit Ihren 72?

(Der Alte zuckt entschuldigend die Schultern.)

MARIA. Sie würden nicht meinen, Sie wüssten alles besser, weil Sie älter und ein Mann sind?

DER ALTE *(lächelnd)*. Nein.

MARIA. Aber Sie können nicht gut gehen und nicht lange stehen.

DER ALTE. So ist es.

MARIA. Und Sie können nicht lange Auto fahren.

(Der Alte nickt.)

MARIA. Haben Sie schon mal geschossen?

(Der Alte schüttelt den Kopf.)

MARIA *(lächelnd)*. Es sieht aus, als sei es für Sie zu spät. *(Nicht mehr lächelnd.)* Sie und Ihre Generation hatten Ihre Chance und haben sie verpasst.

DER ALTE *(nach einer Weile)*. Es gefällt mir nicht.

MARIA. Was soll's?

Szene 5.4

Während der letzten Sätze, die Maria und der Alte wechselten, ist Paul im dunklen Garten aufgetaucht. Die Sirenen sind weiter zu hören. Paul tritt an den Tisch, Maria und der Alte schauen zu ihm auf.

PAUL *(ringt um Worte)*. Sie ist einfach gesprungen. Sie kam ans Fenster, das kleine Kind auf dem Arm, und hat nicht gerufen und nicht gewartet, auf eine Leiter oder auf ein Tuch, sondern ist einfach gesprungen. Aus dem fünften Stock.

MARIA. Wovon redest du?

PAUL. Sie haben das Haus in der Birkenstraße angezündet. Das Haus mit den Familien aus Eritrea.

MARIA. O Gott!

PAUL. Für einen Augenblick war es still, und du hast nur das Feuer und das Wasser gehört. Du erinnerst dich an die besoffenen Anhänger von Peters, denen wir begegnet sind? Für einen Augenblick waren sie still, und dann haben sie wieder gegrölt und gejohlt. Es waren noch andere da, Männer und Frauen, manche hatten ihre Kinder dabei, die Väter trugen sie auf den Schultern, damit sie besser sehen konnten. Sie ließen den Krankenwagen nicht durch, die Polizei musste ihm den Weg bahnen.

MARIA. Gibt es ...

PAUL. Als ich hinkam, kamen mir zwei Krankenwagen entgegen. Aber ich weiß nicht, wie viele Verletzte es gibt und ob es Tote gibt. Ob es sonst noch Tote gibt. Die beiden können den Sturz nicht überlebt haben. *(Er sieht die Szene wieder vor sich.)* Sie fielen einfach, die Frau und das Kind, sie fielen stumm, als seien sie schon tot. Wenn wenigstens das Kind geschrien hätte. *(Er kann nicht weiterreden.)* Ich habe sonst keinen von den Eritreern gesehen; vielleicht hat die Polizei sie in Sicherheit gebracht. Die Häuser daneben brennen auch, und die Nachbarn stehen und schauen, viele haben ihre Schlafanzüge an und Wolldecken um sich geschlagen. Die Feuerwehr kriegt das Feuer nicht unter Kontrolle.

MARIA. Das Haus hat fünf Stockwerke, und wenn es Brandstiftung war, wurde das Feuer unten gelegt, bei der Eingangstür, beim Treppenhaus, und wer weiter oben wohnt ... *(Sie schluchzt auf, fasst sich aber sofort wieder.)* ... wer weiter oben wohnt, hat keine Chance.

PAUL. Natürlich war es Brandstiftung. Das Haus war renoviert worden, ehe die Eritreer einzogen – keine alten Leitungen und Kontakte und Sicherungen.

MARIA *(mit bitterem Lachen)*. Ich weiß schon, was Peters morgen sagen wird. Er ist ...

PETERS *(tritt wieder hervor)*. Ich bin vom tragischen Ereignis erschüttert. Wieder rächt sich die Politik der Über-

fremdung Deutschlands. Sie treibt die Bürger zur Verzweiflung und zu verzweifelten Taten. Ohne die Politik der Kartellparteien hätte es keinen Brandanschlag gegeben, ohne die Politik der Kartellparteien hätte es keine Brandopfer gegeben, ohne die Politik der Kartellparteien wären die Familien nicht nach Deutschland gekommen, sondern in Eritrea geblieben, wo sie ihre Wurzeln und ihre Zukunft haben. Dieses tragische Ereignis darf sich nicht wiederholen. Darum Schluss mit der Überfremdung, sichere Grenzen für Deutschland, sichere Grenzen für Europa! *(Er geht wieder an den Rand der Bühne.)*
(Keiner redet. In der Nähe ertönt eine Feuerwehrsirene, wird lauter und leiser und verklingt.)

PAUL. Das war die Feuerwehr aus Monsdorf. *(Er deutet mit einer Kopfbewegung die Richtung an.)* Das Feuer ist also noch immer nicht unter Kontrolle.
(Wieder schweigen alle.)

MARIA. Warum bist du zurückgekommen?

PAUL. Weil das alles ändert.

MARIA. Was soll es ändern? Brandanschläge gab es vor Peters und wird es nach Peters geben.

PAUL. Der Brandanschlag war heute, in meiner Stadt, auf meinem Schulweg. Ich bin jeden Tag durch die Birkenstraße und an dem Haus vorbei zur Schule gefahren. Ich habe das Feuer gesehen und die Frau mit dem Kind auf dem Arm. Ich habe Peters' Leute gesehen, siegesbesoffen, bierbesoffen und besoffen von Hass. Er hat sie besoffen gemacht. *(Er ist erregt, ringt um die Worte.)* Stark und böse – hast du das nicht gesagt? Dass du stark und böse werden willst? *(Er nickt.)* Wir müssen stark und böse werden.

Szene 5.5

Niklas kommt dazu und setzt sich an den Tisch. Er wirkt erschöpft, verstört.

NIKLAS. Ihr wisst es schon. *(Zu Paul.)* Warst du dort?

(Paul nickt.)

NIKLAS. Ich hab's in den Nachrichten gehört. Dreizehn sind im Krankenhaus, drei sind tot. Sie wissen nicht, wie viele im Haus waren und ob noch welche im Haus sind. *(Er lächelt verlegen.)* Ich konnte nicht alleine zu Hause sitzen und dachte, dass ich euch noch hier finde. Ihr habt Pläne gemacht?

PAUL *(schüttelt den Kopf)*. Sie hat mich weggeschickt, wie euch. Wir waren uns nicht einig. Jetzt sind wir's. *(Er lacht.)* Wir müssen stark und böse werden.

(Niklas versteht nicht, traut sich aber nicht zu fragen.)

PAUL *(zu Maria)*. Wann fängst du an zu arbeiten?

MARIA. Am 1. August.

PAUL. Dann lass uns die nächsten zehn Tage nutzen. Treffen wir uns morgen früh und finden über Peters raus, was wir am Computer und übers Telefon rausfinden können? Und dann fahren wir los? Ich kann mir ein Auto leihen ...

ESTHER *(taucht aus dem dunklen Garten auf)*. Ich habe ein Auto.

MARIA *(kopfschüttelnd)*. Esther? Ich habe es ernst gemeint. Peters ist nichts für dich.

ESTHER. Du hast es gut gemeint. Aber ich bin nicht die, der du zugeredet hast und die sich hat zureden lassen. Ich will sie nicht sein, und ich muss sie nicht sein. Ich will meine Feigheit nicht, ich will mit ihr nicht leben. *(Sie setzt sich.)* Ich habe die Sirenen gehört. Nachdem *(Zu Niklas.)* du mich nach Hause gebracht hast, saß ich im Garten, und sie hörten nicht auf. Sie klingen verschieden, ist euch das schon aufgefallen, vielleicht haben die Polizei und die Feuerwehr und die Krankenwagen verschiedene Sirenen. Sie kamen aus allen Richtungen, wurden lauter und wurden leiser. Ich weiß nicht, was war. Aber das Abitur hinter uns und die Ferien und das Studium vor uns, der Sommerabend wunderschön – es stimmt nicht. Um uns herum brennt es.

PAUL. Sie haben das Haus in der Birkenstraße angezündet, in dem die Familien aus Eritrea wohnen. Niklas hat es in den Nachrichten gehört. Ich war dort.

ESTHER. Und?

PAUL. Drei Tote, dreizehn Verletzte. Sie wissen nicht, wer noch im Haus ist – ich kann mir nicht vorstellen, dass jemand das Feuer im Haus überlebt hat.

ESTHER *(zu Maria)*. Versuch nicht, mich wieder wegzuschicken. Ich habe mich entschieden.

(Maria steht auf, geht zu Esther und nimmt sie in die Arme.)

NIKLAS *(sieht Esther an, verwirrt, bewundernd)*. Nach unserem Gespräch … Ich hätte es dir nicht zugetraut, und ich schäme mich. Du hast gesagt, dass ich doppelt feige bin, zu feige mitzumachen und zu feige, es mir und euch einzugestehen. *(In die Runde.)* Ich weiß nicht, ob ich schaffe mitzumachen. Ich weiß es wirklich nicht. *(Zu Maria.)* Was du über das Entscheiden und Denken und Handeln gesagt hast … Du hast gesagt, man muss nicht entscheiden. Ich will entscheiden, ich denke auch, ich werde entscheiden. Gebt ihr mir noch ein bisschen Zeit? Und wollen wir uns morgen früh bei mir treffen? Ich bin der Einzige, der eine eigene Wohnung hat. Um neun Uhr?

MARIA *(sieht Niklas distanziert, prüfend an, nickt).* Ja, Niklas, um neun Uhr bei dir. *(Sie sieht Esther und Paul an.)* Ich habe nicht mit euch gerechnet. Ich habe gedacht, ich muss es allein machen, und nicht gewusst, wie ich es schaffen soll. Nicht wegen der Angst, sondern weil es wirklich mehr als einen braucht. Ich bin froh, dass ihr gekommen seid.

Szene 5.6

Fabian kommt aus dem Haus und bleibt stehen, als wisse er nicht, ob er sich in die Runde trauen dürfe.

ESTHER *(sieht ihn als Erste).* Fabian?

FABIAN. Hi, Esther.

PAUL *(schüttelt den Kopf).* Du schon wieder?

(Fabian hebt um Entschuldigung bittend die Hände.)

MARIA *(sieht ihn jetzt auch, abweisend).* Was willst du?

FABIAN *(mit verlegenem Lächeln).* Ich habe vom Fenster aus *(Er zeigt mit dem Kopf zum ersten Stock des Hauses.)* alles gehört. Ich kann euch doch nicht alleine spielen lassen.

MARIA. Es ist kein Spiel, Fabian.

FABIAN. Ach, Maria.

(Sie stehen auf, verabschieden sich, gehen. Die Kerzen verlöschen. Die Bühne wird leer geräumt und liegt im

Dunkel. Ein Schuss fällt. Als das Licht angeht, ist es blendend hell, und die Schüler und Schülerinnen und der Alte stehen geblendet und benommen, bis sie sich fassen, zum Publikum wenden und an den Händen nehmen. Gertz kommt auf die Bühne, sieht die anderen, nähert sich ihnen vorsichtig und stellt sich neben sie. Peters kommt lachend auf die Bühne und stellt sich lachend neben die anderen. Alle verbeugen sich.)

Anmerkungen

7,7 *Kennedy:* John F. Kennedy (1917–1963), 35. Präsident der USA, der als überaus charismatisch galt. Er fiel 1963 in Dallas einem Attentat zum Opfer.

8,19 *Die deutsche Fox:* fiktiver Sender, dessen Name an den rechtspopulistischen US-amerikanischen Kanal *Fox News* erinnert, der 1996 erstmals auf Sendung ging und zum Medienkonzern des australisch-US-amerikanischen Unternehmers Rupert Murdoch (geb. 1931) gehört.

8,21 *Carl Peters:* Der Publizist und Afrikareisende Carl Peters (1856–1918) gilt als Gründer der deutschen Kolonie »Deutsch-Ostafrika« (1885–1918) und war ein ausgesprochener Rassist.

8,28 *failed schools:* plakativer Begriff für Schulen, die nicht zuletzt aufgrund ihrer sehr heterogen zusammengesetzten und daher herausfordernden Schülerschaft sowie weiterer Faktoren (wie etwa finanzieller Minderausstattung) zentrale Aufgaben nicht mehr (vollständig) bewältigen können, eigentlich »failing schools«.

9,29 *Festung Europa, Europa der Nationen:* Kampfbegriffe der europäischen Rechten, die damit eine Abschottung Europas gegen Flüchtlingsströme und eine weitgehende Rückführung der Europäischen Union auf einen losen Staatenbund meinen.

10,9 *die neue Demokratie:* Der Ausdruck erinnert an den unscharfen Begriff der »illiberalen Demokratie«, der u. a. von dem ungarischen Regierungschef Viktor Orbán (geb. 1963) benutzt wird, um eine Demokratieform zu bezeichnen, die gewisse liberale Freiheiten und Grundrechte (z. T. massiv) einschränkt.

10,17 *Trump:* Donald J. Trump (geb. 1946), 45. Präsident der USA und einer der umstrittensten Politiker der amerikanischen Geschichte.

11,4 *20. Juli:* Der 20. Juli ist in der Bundesrepublik Deutschland ein Gedenktag, der an den Umsturzversuch des militärischen Widerstands in der NS-Zeit erinnert. Ein an diesem Tag geplantes Attentat gegen Adolf Hitler schlug 1944 fehl und der Umsturzversuch scheiterte.

11,11 f. *Graf von Stauffenberg:* Claus Schenk Graf von Stauffenberg (1907–1944) war Berufsoffizier der Wehrmacht und einer der führenden Köpfe des gescheiterten Umsturzversuchs vom 20. Juli 1944. Er deponierte die Bombe, die Hitler töten sollte, im Führerhauptquartier Wolfsschanze. Er wurde – wie einige seiner Mitverschwörer – noch in der Nacht zum 21. Juli 1944 erschossen.

11,22 f. *Moltke:* Helmuth James Graf von Moltke (1907–1945) war ein deutscher Jurist und Widerstandskämpfer gegen den Nationalsozialismus. Er wurde vom deutschen Volksgerichtshof unter dem Vorsitz von Roland Freisler (1893–1945) zum Tode verurteilt und hingerichtet.

11,23 *Schlabrendorff:* Fabian Graf von Schlabrendorff (1907–1980) war Jurist und Reserveoffizier und ebenfalls am gescheiterten Umsturzversuch vom 20. Juli 1944 beteiligt.

Schulze-Boysen: Harro Schulze-Boysen (1909–1942) war Publizist und Offizier der Luftwaffe, der eine führende Rolle im Widerstand gegen den Nationalsozialismus spielte. Er gehörte jenem Netzwerk aus Widerstandsgruppen an, das durch die Gestapo den Namen »Rote Kapelle« erhielt. Schulze-Boysen wurde 1942 nach seiner Enttarnung hingerichtet.

Harnack: Arvid Harnack (1901–1942) war Jurist und Nationalökonom. Zusammen mit seiner Frau, der Literaturwissenschaftlerin Mildred Harnack-Fish (1902–1943), gehörte auch er dem Widerstandsnetzwerk an, das den Namen »Rote Kapelle« erhielt. Er wurde 1942 nach seiner Verhaftung hingerichtet, seine Frau ein Jahr später.

Elser: Der Schreiner Georg Elser (1903–1945) verübte 1939 im Münchener Bürgerbräukeller ein Bombenattentat auf Adolf Hitler und weitere führende Nationalsozialisten, das aber knapp scheiterte. Elser wurde bei seinem Versuch, in die Schweiz zu flüchten, festgenommen. Er wurde noch kurz vor der Befreiung des Konzentrationslagers Dachau dort ermordet.

11,24 *Geschwister Scholl:* Um die Geschwister Hans (1918–1943) und Sophie Scholl (1921–1943) bildete sich der Widerstandskreis »Weiße Rose«, der sich in seinem Kampf gegen die Nationalsozialisten v. a. auf christliche und humanistische Werte berief. 1943 wurden sie bei einer Flugblattaktion in der Münchener Universität erwischt und festgenommen. Die Geschwister wurden – wie auch Christoph Probst (1919–1943), der ebenso der »Weißen Rose« angehörte – in einem Prozess vor dem Volksgerichtshof unter Vorsitz von Roland Freisler zum Tode verurteilt.

15,2 *Völkerrecht:* In einer Definition der Vereinten Nationen heißt es: »Das Völkerrecht legt die rechtlichen Verpflichtungen der Staaten in ihrem Verhalten untereinander und in ihrer Behandlung von Einzelpersonen innerhalb der Staatsgrenzen fest. Es umfasst ein breites Spektrum von Themen von internationalem Interesse, wie z.B. Menschenrechte, Abrüstung, internationale Kriminalität, Flüchtlinge, Migration, Probleme der Staatsangehörigkeit, die Behandlung von Gefangenen, Anwendung von Gewalt und Kriegsführung. Das Völkerrecht regelt auch die globalen Gemeinschaftsgüter wie Umwelt, nachhaltige Entwicklung, internationale Gewässer, Weltraum, globale Kommunikation und den Welthandel.« (https://unis.unvienna.org/unis/de/topics/international-law.html, Stand: 5.1.2024)

15,15 *'68:* Das Kürzel »(19)68« bezieht sich in der Regel auf die Protestbewegungen ab Mitte der 1960er Jahre, die ganz wesentlich von linken Studierenden angestoßen wurden und massive gesellschaftliche Veränderungen zum Ziel hatten. Im Zentrum der Proteste stand die Ablehnung des Vietnamkrieges (1955–75) bzw. die Rolle, die die USA in diesem spielten. In der Bundesrepublik Deutschland nahm auch die gesellschaftliche Aufarbeitung des NS-Unrechts durch die Studierendenproteste neue Fahrt auf.

15,19 *Schoß …, der noch fruchtbar ist:* Der bis in die Gegenwart immer wieder zitierte Spruch (»der Schoß ist fruchtbar noch, aus dem das kroch«), der darauf aufmerksam machen will, dass die Gefahr durch Rechtsradikalismus, Antisemitismus und Nationalsozialismus nur vorübergehend gebannt sein könnte, stammt eigentlich aus Bertolt Brechts (1898–1956) Parabelstück *Der aufhaltsame Aufstieg des Arturo Ui* (geschrieben 1941, Ende des Epilogs).

16,28 *Historikertag:* Die »Erste Versammlung Deutscher Historiker« fand 1893 in München statt. Heute wird die Zusammenkunft der Historikerinnen und Historiker alle zwei Jahre an wechselnden Universitäten ausgerichtet und steht jeweils unter einem aktuellen Leitthema. Veranstalter ist der Verband der Historiker und

Historikerinnen Deutschlands in Zusammenarbeit mit dem Verband der Geschichtslehrerinnen und Geschichtslehrer Deutschlands.

20,23 *Gevatter Tod:* Der Gevatter (Pate) Tod ist eine Figur aus dem gleichnamigen Märchen, das schon in die erste Auflage der *Kinder- und Hausmärchen* der Brüder Grimm (1812) Aufnahme fand. Seither ist die Figur sprichwörtlich geworden.

22,19 *Kästner:* Erich Kästner (1899–1974) war ein deutscher Schriftsteller, der vor allem auch durch seine Kinderromane (etwa *Emil und die Detektive*, 1929) berühmt wurde. Er verfasste darüber hinaus aber auch bedeutende andere Romane (*Fabian. Die Geschichte eines Moralisten*, 1931) und zahllose Gedichte. Kästner hatte im NS-Deutschland Berufsverbot; seine Bücher wurden 1933 öffentlich verbrannt.

25,23 *Umvolkung:* hier: Schlagwort rechtsextremer und rechtspopulistischer Gruppierungen, die damit die Verschwörungserzählung beschreiben, dass absichtsvoll von nicht näher bezeichneten ›Eliten‹ die einheimische Bevölkerung gegen ›fremde‹ Bevölkerungsgruppen ausgetauscht werden soll.
Volkstod: Das Schlagwort der Rechtsextremen bezeichnet das angebliche Ergebnis der ›Umvolkung‹: den Tod des einheimischen ›Volkskörpers‹, mithin das Aussterben des – in diesem Fall – deutschen Volkes.

25,25 *Systemparteien:* aus dem Sprachgebrauch der Nationalsozialisten stammende abfällige Bezeichnung für Parteien des ›alten‹ (demokratischen) Systems, in den 1920er Jahren also der Weimarer Republik und heute der Bundesrepublik Deutschland. Eine Standardvokabel der »Alternative für Deutschland«.

25,26 f. *internationale Finanzkapital:* Dieser Ausdruck rechtsextremer und rechtspopulistischer Gruppen ist ein kaum verhülltes antisemitisches Stereotyp, das jene bezeichnen soll, die international durch ihre finanzielle Macht angeblich alle Fäden in der Hand halten und alle (negativen) Entwicklungen steuern.

26,11 *Hauptstrommedien:* Eindeutschung des Ausdrucks *»mainstream media«*, der vor allem in rechten Kreisen jene Massenmedien bezeichnet, die öffentlich-rechtlich finanziert werden oder durch ihre angeblich linksliberale Gesinnung eine große Masse an Menschen ›falsch‹ beeinflussen. Der Gegenausdruck ist ›alternative Medien‹, womit jene Publikationsorgane gemeint sind, die angeblich die ›ungefilterte Wahrheit‹ propagieren.

27,31 *Roeblings:* Zusammen mit seinem Bruder Karl und anderen wanderte der deutsche Ingenieur Johann August Röbling (1806–1869) 1831 nach Amerika aus und wurde weltberühmt als Konstrukteur der Brooklyn Bridge in New York (unter seinem anglisierten Namen John Augustus Roebling).

28,2 *Max Weber:* Max Weber (1864–1920) war ein deutscher Soziologe und Nationalökonom, der bis heute erheblichen Einfluss auf die Kultur-, Sozial- und Geisteswissenschaften hat. Sein berühmt gewordener Aufsatz *Wissenschaft als Beruf* entstand 1917 zunächst als Vortrag.

40,3 *Raum, in dem sie leben kann:* Die Formulierung spielt auf das völkische Konzept des ›Lebensraums im Osten‹ an, das im Nationalsozialismus eine zentrale Rolle einnahm. Damit war die ›germanische‹ bzw. ›arische‹ Besiedlung von Gebieten außerhalb Deutschlands in Mittel- und Osteuropa gemeint.

40,12 *Pegida:* Das Kürzel steht für »Patriotische Europäer gegen die Islamisierung des Abendlandes« und ist die Bezeichnung für eine antiislamische, fremdenfeindliche, rassistisch-völkische, rechtsextreme Organisation, die v.a. durch ihre Montagsdemonstrationen bekannt wurde, die sie seit 2014 besonders in Dresden abhält.

41,20 *Orban:* Viktor Orbán (geb. 1963) ist seit 2010 zum zweiten Mal Ministerpräsident Ungarns, der sein Land zunehmend in eine Autokratie umwandelt (»illiberale Demokratie«, s. Anm. zu 10,9).
Kaczynski: Jarosław Kaczyński (geb. 1949) ist Vorsitzender der rechtspopulistischen polnischen Partei PiS und war zuletzt stellvertretender Ministerpräsident von Polen. Er galt als treibende Kraft hinter den Bemühungen der nunmehr abgewählten Regierungspartei, Polen in ein autokratisches System umzubauen.

41,30 *Ranke:* Leopold von Ranke (1795–1886) war ein bedeutender deutscher Historiker und ein Gründungsvater der modernen Geschichtsschreibung.

42,3 *Historikerstreit:* In dieser zeitgeschichtlichen Debatte von

1986/87 ging es um die Frage der Singularität (Unvergleichbarkeit) des Holocaust. Der Historiker Ernst Nolte (1923–2016) hatte den Genozid als Reaktion der Nationalsozialisten auf die stalinistischen Massenmorde gekennzeichnet, wogegen der Philosoph Jürgen Habermas (geb. 1929) heftig protestierte und dies als »Revisionismus« bezeichnete. Zahlreiche weitere Wissenschaftler schalteten sich in die Kontroverse ein.

42,14 *Anfängen wehren muss:* »Wehret den Anfängen« ist eine Parole, die ursprünglich von Ovid (43 v. Chr. – um 17 n. Chr.) stammt, heute aber vor allem dazu verwendet wird, um darauf hinzuweisen, dass der Widerstand gegen rechtsextreme Bewegungen nicht zu spät einsetzen darf, da dies schon einmal geschah, was den Aufstieg des Nationalsozialismus ermöglichte.

45,3 *Weltwirtschaftskrise:* Die Weltwirtschaftskrise setzte mit dem sogenannten Börsencrash von New York 1929 ein und hatte dramatische Folgen weltweit (u.a. Deflationsspirale, Rückgang des Welthandels, Bankenkrisen, Massenarbeitslosigkeit).

45,4 *SA-Schlägertrupps:* Die Sturmabteilung (SA) der NSDAP wurde 1920 gegründet und entwickelte sich in der Weimarer Republik rasch zu einem mächtigen Organ der Nationalsozialisten, da die Ordnertruppe eigene Parteiveranstaltungen absicherte und die konkurrierender Parteien massiv störte. Zudem provozierten die SA-Schläger beständig brutalste Straßenkämpfe mit politischen Gegnern und waren für zahlreiche Morde verantwortlich. Nach der Ausschaltung der SA-Führung 1934 (sogenannter Röhm-Putsch) verlor die Truppe ihre politische Bedeutung.

45,9 *der deutsche Sonderweg:* Die umstrittene These vom deutschen Sonderweg betont die Unterschiede bei der Entwicklung der liberalen Demokratien in Europa. Deutschlands Sonderweg (im Unterschied zu Frankreich und Großbritannien) sei aus seiner späten Einigung zum Nationalstaat ableitbar.

52,9 *Bohème:* Mit dem Ausdruck werden – häufig verarmte – Künstler- und Intellektuellenkreise bezeichnet, die oft in einer Großstadt ein gemeinsames Milieu bilden.

52,10 *Speer:* Der Architekt und Hitler-Weggefährte Albert Speer (1905–1981) war Reichsminister für Bewaffnung und Munition (ab

1942). Im Nürnberger Prozess gegen die Hauptkriegsverbrecher wurde er zu 20 Jahren Gefängnis verurteilt.

52,25 *Eva Braun:* Eva Braun (1912–1945) war – vermutlich seit 1932 – zunächst die Geliebte und dann die Ehefrau Adolf Hitlers (Heirat am 29.4.1945, einen Tag vor dem gemeinsamen Suizid).

58,25 f. *Baader-Meinhof-Quatsch:* Mit dem Ausdruck Baader-Meinhof-Bande wird – mit Bezug auf deren Mitgründer Andreas Baader (1943–1977) und Ulrike Meinhof (1934–1976) – die linksterroristische »Rote Armee Fraktion« (RAF) bezeichnet, die 1970 gegründet wurde und für über 30 Morde verantwortlich war.

61,25 f. *Ernst von Salomon:* Der Schriftsteller Ernst von Salomon (1902–1972) kämpfte in der Weimarer Republik in Freikorps und beteiligte sich an der Ermordung des Außenministers Walter Rathenau (1867–1922). Trotz seiner erfolgreichen Karriere in der Bundesrepublik Deutschland (v. a. auch als Drehbuchautor) muss von Salomon als ein Wegbereiter des Nationalsozialismus gelten, der auch nach 1945 nur wenig Einsicht zeigte.

83,20 *Judith:* Judith ist die titelgebende Gestalt eines Buches des Alten Testaments, in dem ihre Geschichte erzählt wird. Vor allem die Enthauptung des babylonischen Generals Holofernes durch die schöne und erotische Judith, die damit große Not von ihrem Volk abwendet, ist Gegenstand zahlloser künstlerischer Werke.

Charlotte Corday: Marie Anne Charlotte Corday d'Armont (1768–1793) war eine französische Adlige zu Zeiten der Französischen Revolution, die vor allem durch den Mord an dem radikalen Journalisten und Politiker Jean Paul Marat (1743–1793) Berühmtheit erlangte. Marat wurde dadurch seinerseits zu einer Märtyrerfigur der Französischen Revolution.

83,20 f. *Wera Sassulitsch:* Wera Iwanowna Sassulitsch (1849–1919) war eine Sozialaktivistin und später marxistische Berufsrevolutionärin. 1878 verwundete sie bei einem Attentat den General und Stadtkommandanten von St. Petersburg, Fjodor Trepow (1809 oder 1812–1889), schwer, wurde aber später freigesprochen.

86,3 *Kartellparteien:* polemischer Begriff rechtspopulistischer und rechtsextremer Parteien für Parteien aus dem demokratischen Spektrum (vgl. Systemparteien, Anm. zu 26,19).

»Um das Handeln und um das Entscheiden unter Ungewissheit, wie wir handeln sollen, kommen wir nicht herum.«

Ein Interview mit Bernhard Schlink

Bernhard Schlinks erstes Theaterstück *20. Juli. Ein Zeitstück* ist ein Lehrstück über Moral, Verantwortung und Entscheidung. Darin lässt er Schülerinnen und Schüler den Fragen nachgehen, ob sich Geschichte wiederholt und wann gehandelt werden muss. Der Autor im Diogenes-Interview mit Svenja Flaßpöhler (Chefredakteurin Philosophie Magazin).

Herr Schlink, in Ihrem Stück lassen Sie fünf Abiturienten und Abiturientinnen gemeinsam mit ihrem Geschichtslehrer über die Möglichkeit diskutieren, den charismatischen Anführer einer aufstrebenden, rechtsnationalen Partei zu töten. Ein heikles Gedankenspiel, und durchaus ein Wagnis, es zu inszenieren. Was hat Sie bewogen, dieses Wagnis einzugehen?

Vor drei Jahren wurde ich in der S-Bahn Zeuge eines Gesprächs, in dem drei Schüler, mit denen der Lehrer den 20. Juli 1944 und die Aufgabe, aus der Geschichte zu lernen, behandelt hatte, sich fragten, was sie eigentlich aus dem 20. Juli 1944 lernen sollten. Eine gute Frage. Die Beschäftigung mit dem Nationalsozialismus spielt in der Schule eine große Rolle, und sie will nicht nur Wissen vermitteln, sondern zum Eintreten für Freiheit, Demokratie, Rechtsstaat und zum Einsatz für die Menschen erziehen, die von Ausgrenzung und Gewalt bedroht sind. Wozu will dabei die Beschäftigung mit dem 20. Juli erziehen? Wozu fühlen sich die Schüler angespornt? Ich hätte mich umdrehen und die Schüler ansprechen sollen. So habe ich nur mitbekommen, dass sie den hohen moralischen Ton, den der Lehrer angeschlagen hatte, ein bisschen nervig fanden.

Sie haben für die Behandlung des Themas Tyrannenmord nicht etwa die Form des Essays, sondern die Form des Dramas gewählt. Warum?

Tyrannenmord? Mich interessiert nicht das alte Problem, ob Offiziere und Soldaten das Volk vom Tyrannen befreien dürfen, dem sie einen Eid geleistet haben, oder ob das göttliche Gebot »Du sollst nicht töten« den Anschlag auf den Tyrannen kategorisch verbietet. Es ist gestrig. Die jüngste Geschichte hat so furchtbare Tyrannen hervorgebracht, dass sich bei ihnen nicht mehr die Frage nach dem Recht, sondern die nach der Pflicht zum Anschlag stellte und praktisch die nach der Möglichkeit – heute kann man sich nicht mehr mit dem Dolch im Gewand zum Tyrannen schleichen, sondern muss das System überwinden, mit dem er sich umgeben und gesichert hat. Warum Stück statt Essay? Mich interessierten die Schüler. Wie könnte ihr Gespräch weitergegangen sein, zu was für Auseinandersetzungen könnte es geführt, was für ein Ergebnis könnte es gehabt haben.

***20. Juli* stellt die Gegenwart in ein historisches Licht. Warum gerade jetzt dieser Bezug zum missglückten Attentat auf Adolf Hitler im Jahr 1944?**

Die Möglichkeit, in die für einen Anschlag erforderliche Nähe zu Hitler zu gelangen, ohne zu seinem Gefolge zu gehören, gab es noch 1932, danach nicht mehr. Wehret den Anfängen – gehört nicht auch das zu den Einsichten, die die Geschichte und die Schule lehren? So fragen denn die Schüler und Schülerinnen im Stück, ob Hitler nicht 1932 ermordet gehört hätte, und sie fragen weiter, wo wir angesichts der weltweiten Zunahme autoritärer Visionen, Programme und Politiker heute stehen. Wie, wenn es einen charismatischen, erfolgreichen rechten Politiker, wie es ihn in anderen Ländern gibt, auch bei uns gäbe? Wann wäre jetzt das Jahr 1932, in dem er noch gestoppt werden könnte?

Ihre Figuren erwägen das Für und Wider einer sofortigen Tötungsaktion, ein wichtiger Punkt dabei ist die Ungewissheit. Lässt sich überhaupt präventiv in den Geschichtsverlauf eingreifen, wenn dieser doch nie mit letzter Gewissheit vorhersehbar ist?

Greift nicht alles Handeln in Verläufe ein, im Kleinen wie im Großen? Wenn wir nicht handeln, verläuft das Geschehen anders, als wenn wir handeln. Und wenn wir der Folgen unseres Handelns noch so gewiss sind, können wir uns irren. Um das Handeln und um das Entscheiden unter Ungewissheit, wie wir handeln sollen, kommen wir nicht herum. Je größer die Ungewissheit ist und je wertvoller die Güter sind, die beim Handeln auf dem Spiel stehen, desto schwerer ist die Entscheidung. Die Schüler und Schülerinnen des Stücks stellen sich gewiss einer besonders schweren Entscheidung.

Eine weitere zentrale Frage in Ihrem Stück lautet: Kann eine Tat, die an sich böse ist, unter bestimmten Voraussetzungen zu einer guten, integren, notwendigen werden? In philosophischen Kategorien könnte man vom Konflikt zwischen einer kantischen Gesinnungsethik und einer utilitaristischen Verantwortungsethik sprechen. Welche Antwort geben Sie in *20. Juli*?

Die Schüler und Schülerinnen kommen zu der Auffassung, der Anschlag sei notwendig, und sie dürften ihn auch integer finden, weil niemand von ihnen sich aus Eigennutz für ihn entscheidet. Aber sie glauben nicht, er sei eine gute Tat. Sie reden davon, dass sie sich die Hände schmutzig machen – philosophisch geht es um die Frage, ob in manchen Situationen verantwortliches Handeln schuldhaftes Handeln sein muss. Kant hat sie verneint, Bonhoeffer, Vertreter einer gesinnungsgetragenen Verantwortungsethik, hat sie bejaht; für ihn war die Bereitschaft zu Schuldübernahme aus Verantwortung der Preis der Freiheit, die nicht im Möglichen bleibt, sondern das Wirkliche ergreift.

Das eigene Leben aus politischen Gründen aufs Spiel zu setzen kann eine hehre Tat, aber auch ein Verbrechen sein; man denke an die fanatisierten Selbstmordattentäter unserer Zeit. Besitzt das Privatinteresse – für das am deutlichsten wohl der Geschichtslehrer Gertz steht – so gesehen auch eine Schutzfunktion?

Dass Menschen ihr Leben aufs Spiel setzen, macht das, wofür sie es tun, wenn es schlecht ist, nicht gut, und wenn es gut ist, nicht besser. Je seltener Menschen meinen, es müsse sein, desto besser. Wenn Menschen in der Welt ihren Ort, ihre Sicherheit, ihre Freude haben, ist das gewiss ein Schutz gegen Fanatisierung und Radikalisierung – vielleicht der beste Schutz.

Die sensibelste Figur in *20. Juli* ist die Abiturientin Maria, die keinen Abstand zwischen sich und der Welt zu schaffen vermag, sich von allem angefasst fühlt. Sie ist es, die sich im Zuge des Stücks am konsequentesten radikalisiert. Warum?

Ist bei besonders Sensiblen, die das Falsche und Schlechte nicht von sich abtun können, die von ihm besonders herausgefordert und besonders gequält werden, dessen radikale Ablehnung nicht eine verständliche Reaktion? Ich habe solche Radikalisierungen in meinem sozialen Umfeld in den frühen 1970er Jahren erlebt, und Ulrike Meinhof und Gudrun Ensslin sind prominente Beispiele.

Fabian hingegen ist ein Spieler. Er erwägt und verwirft, hält alles in der Schwebe, liebt die Leichtigkeit des Möglichen. Erkennen Sie sich als Schriftsteller in ihm wieder?

Das ist bei einem Stück nicht anders als bei einem Roman oder einer Geschichte: Ich erkenne in allen Beteiligten etwas von mir wieder. Ich könnte anders nicht über sie schreiben.

»Der Alte« ist eine Nebenfigur, die zu Ihrer Generation gehört und Verantwortung übernimmt für die

derzeitige Krise der Demokratie. Ist das auch Ihre persönliche Auffassung? Wenn ja, was haben Sie versäumt?

Das ist eine Frage, die mich immer wieder beschäftigt – wie sollte das in meinem Alter auch anders sein. Meine Generation hat alte Zöpfe abgeschnitten, staatliche und gesellschaftliche Institutionen durcheinandergewirbelt, Strukturen aufgebrochen, sie hat an allen Autoritäten gerüttelt und viele vom Sockel gestoßen, sie hat dabei einen Individualismus kultiviert, der oft schlicht zu Egoismus und Narzissmus geraten ist. Ich frage mich, ob wir genug geschaffen und gestaltet haben, das Bestand hat und Halt gibt.

Sie selbst wurden im Jahr des Hitler-Attentats geboren. Was, würden Sie sagen, ist es, das Sie der jungen Generation von heute mit auf den Weg geben möchten?

So furchtbar die letzten Jahre des Dritten Reichs mit Krieg und Holocaust waren – auf andere Weise nicht weniger erschreckend bleibt für mich sein Beginn. Wie dünn war das Eis, das Staat und Gesellschaft trug, wie rasch und leicht wurden die staatlichen Institutionen zerschlagen, wie bereitwillig ließen die gesellschaftlichen Institutionen sich gleichschalten, wie hilflos waren die Einzelnen, die widerständig bleiben wollten, ohne den Rückhalt von Institutionen! Politisch wünsche ich der jungen Generation, dass sie den Wert unserer staatlichen und gesellschaftlichen Institutionen sieht, sich für sie einsetzt, sich in ihnen engagiert – von Universitäten, Kirchen, Gewerkschaften bis zu politischen Parteien. Sollte die weltweit wachsende Welle des Autoritären Deutschland erreichen und bedrohen, braucht es starke Institutionen, die Bestand haben und Halt geben – Sie sehen, wie meine Antworten auf Ihre letzten beiden Fragen miteinander zusammenhängen.

Nachwort

Was heißt Lernen aus der Geschichte? Genau genommen ist es diese Frage, die Bernhard Schlinks »Zeitstück« stellt – und das in einer radikal zugespitzten Form: Was heißt Lernen aus der Geschichte, wenn es nicht mehr ›nur‹ um Worte geht, sondern um konkretes Handeln? Wenn das nicht selten wohlfeile »Wehret den Anfängen!« in die politische Tat umgesetzt werden muss? Dafür entwirft der Autor eine Situation, die noch zur Entstehungszeit des Stückes, das erstmals 2021 publiziert wurde, als durchaus dystopisch hat gelten können, mittlerweile aber von der Wirklichkeit nahezu eingeholt scheint:[1] Eine rechtsextreme Partei, die Deutsche Aktion (DA), hat bei einer Landtagswahl 37 Prozent erreicht und schickt sich an, mit Hilfe der CDU die Macht in dem namenlos bleibenden Bundesland mit zu übernehmen. Damit aber steht sie vor dem Durchbruch in ganz Deutschland und könnte, so die These der jungen Abiturienten, die im Mittelpunkt des Stückes stehen, das Land möglicherweise in eine autokratische Zukunft führen. Da die Handlung zudem am 20. Juli einsetzt, ihrem letzten Schultag, liegt es auf der Hand, dass sich die Beteiligten fragen, was angesichts der politischen Bedrohung nun zu tun ist: Soll man versuchen, den Gang der Geschichte, der sich zu wiederholen scheint, aufzuhalten, wenn nötig mit Gewalt? Welche Lektionen hat ihnen der

1 Zum Zeitpunkt, als dieses Nachwort entsteht, sieht eine aktuelle Umfrage zu den im Herbst 2024 anstehenden Landtagswahlen die vom Verfassungsschutz als »gesichert rechtsextremistisch« eingestufte Alternative für Deutschland (AfD) in Sachsen bei 37 Prozent, vgl. https://dawum.de/Sachsen/ (Stand: 4.1.2024).

Schulunterricht – und hier speziell: der Geschichtsunterricht – für diese plötzlich existentiell werdenden Fragen eigentlich mit auf den Weg gegeben? Da sie noch einmal mit ihrem Geschichtslehrer Ulrich Gertz zusammenkommen, der sie nicht zuletzt auch mit den vermeintlichen Lehren aus den gescheiterten Hitler-Attentaten vertraut gemacht hat, verengen sich die Fragen schnell auf eine: Soll man angesichts der historischen Erfahrung und der offen zutage tretenden rechten Gesinnung des DA-Führers Peters zur Waffe greifen und ihn beseitigen, bevor Schlimmeres passieren kann? Bei ihren Überlegungen reiben sich die jungen Leute zunächst an den Vorbildern, die ihnen Gertz immer wieder präsentiert hat, um ihnen den Wert des »aufrechte[n] Gang[s], d[er] moralische[n] Integrität, d[er] menschliche[n] Würde« (S. 12) zu verdeutlichen. Für Fabian erscheinen Gertz' Helden im Rückblick sogar als »Loser« (S. 11), da sie ihr Ziel nicht erreichten, auch weil sie nicht bereit waren, ihr eigenes Leben von vornherein aufs Spiel zu setzen. Angesichts der konkreten Bedrohung erscheint dem jungen Mann, der eigentlich Journalist werden will, der Einsatz der Attentäter als zu gering:

> »Ich hätte Achtung vor ihnen, wenn ihr Widerstand was gebracht hätte. Wenn Stauffenberg nicht gegangen wäre und darauf vertraut hätte, es werde schon klappen, sondern mit der Bombe bei Hitler geblieben und mit der Bombe und Hitler hochgegangen wäre. Wenn Elser nicht einen Zeitzünder benutzt, sondern sein Leben drangegeben, sich im Gebäude versteckt und selbst die Bombe gezündet hätte.« (S. 12)

Dass die Genannten später hingerichtet wurden, macht es für Fabian offenbar nicht besser. Auch wenn es zunächst so aussehen mag, als würde er den diskutierten Anschlag auf Peters aus Überzeugung gutheißen, will er dem Pädagogen nur »eine Lehre« (S. 58) erteilen und ihn »von seinem hohen Ross holen« (ebd.), denn bei ihm hatte es anscheinend »immer nur zu Stolpersteinen und Mülltrennung gereicht und dazu, auf dem Historikertag einen toten Nazi fertigzumachen« (S. 57). Die Bigotterie des Geschichtslehrers ist leicht zu entlarven, denn nicht nur erweist er sich seinen eigenen hehren Ansprüchen nicht gewachsen, wenn es um das konkrete politische Handeln geht, er hat sich auch unglaubwürdig gemacht, weil er mit seiner Schülerin Esther eine Affäre hat, obwohl er verheiratet und Vater zweier Kinder ist. Natürlich denkt er nicht daran, seine Familie für die junge Frau, die zu allem Überfluss auch noch schwanger von ihm ist, zu verlassen. Seine anderslautenden Beteuerungen Esther gegenüber entpuppen sich bald als hohles Geschwätz – und wirken sich damit auch auf die Einschätzung seiner historisch-moralischen Urteile aus.

Die anderen Schüler scheinen allerdings – anders als Fabian – das Attentat ernsthaft zu erwägen. Am stärksten radikalisiert sich im Laufe des Abends, der den letzten Schultag beschließt, Maria, die eigentlich anstrebt, Ärztin zu werden. Sie ist eine Figur, der die Welt stets zu nahe kommt, die sich nicht abschotten kann gegen das Elend und die (politischen) Katastrophen, die sie umgeben (vgl. S. 21). Sie möchte handeln und sich zur Wehr setzen, will »stark und böse« (S. 74, 86 f.) werden, um alles besser zu machen. Deshalb wähnt sie sich als die Einzige, die den Anschlag tatsächlich auch ausführen kann. Bei den anderen sieht sie jeweils Defizite, die sie als potentielle Attentäter eigentlich ausschließen, auch wenn sie Gründe hätten zu handeln (vgl. u.a. S. 73f.). Tatsächlich scheint sie auch als Einzige übrig zu bleiben, die von der Attacke auf Peters überzeugt bleibt – doch dann spitzt sich die Dramenhandlung noch einmal deutlich zu: Anhänger der DA haben ein Wohnhaus angezündet, in dem Eritreer leben, es kommt zu Toten (vgl. S. 84f.). Nach und nach kehren die jungen Abiturienten daraufhin zu Maria zurück und verabreden sich für den nächsten Morgen. Das gemeinschaftlich ausgeführte Attentat scheint erneut möglich zu sein, auch Fabian will wieder ›mitspielen‹ (vgl. S. 89). Doch ob es letztlich wirklich dazu kommt, bleibt offen: Zwar fällt in der letzten Bühnenanweisung ein Schuss (vgl. S. 90), doch wer ihn abgibt oder wer möglicherweise getroffen wird, wird nicht mitgeteilt. Alle Beteiligten treten stattdessen vor das Publikum und verbeugen sich. Unter ihnen ist auch der bereits vorher immer wieder auf der Bühne präsente (und von den anderen unbemerkte) Peters: Gleich zweimal wird er dabei mit dem Attribut »lachend« (S. 90) versehen, während die anderen Figuren zunächst »geblendet und benommen« sind, bis »sie sich fassen« (ebd.). Dies ist zumindest ein kleiner Hinweis darauf, dass Peters möglicherweise der Einzige ist, dem der vermeintliche oder tatsächliche Widerstand der jungen Leute am Ende genutzt haben könnte.

Während sich Maria immer weiter radikalisiert und die anderen Figuren schwanken, werden sie nicht nur von Gertz, den sie ob seiner Scheinheiligkeit immer weniger ernst nehmen, mit Gegenargumenten konfrontiert. Es ist vor allem »der Alte«, der sich am deutlichsten gegen das Attentat stellt.[2] Dabei liegen seine Argumente auf zwei Ebenen: Zum einen macht er die jungen Leute darauf aufmerksam, dass ein »präventiver Tyrannenmord« (S. 37) eine Legitimationslücke aufweist: Auch wenn man ahnt, wohin sich die Dinge (und die beteiligten Politiker) entwickeln werden, so weiß man es doch nicht wirklich sicher. Die Zukunft bleibt offen – und das Lernen aus der Geschichte hat da seine Grenzen, wo die Analogien notwendig aufhören müssen: Hitler würden auch die jungen Leute wohl nur deshalb am 20. Juli 1931 ermorden, weil sie eben aus heutiger Perspektive sicher wissen, was sich bis 1945 noch ereignen wird. Bei Peters (oder – will man ins reale Leben greifen – bei heutigen einflussreichen rechtsextremen Politikern) muss das eine Ahnung bleiben – und wie sehr er Hitler ähnelt oder auch nicht, verbleibt letztlich im Reich der Spekulation. Offen muss zudem bleiben, ob der Mord an einer einzelnen Person tatsächlich Grundlegendes verändern würde: Käme nicht der Nächste, der das entstandene Vakuum füllt und die Entwicklung dennoch weiterführt (vgl. S. 62)? In dieser Richtung argumentiert auch »der Alte« weiter und offenbart nachgerade ein fatalistisches Weltbild (zweite Ebene seiner Argumentation): Selbst wenn er konzediert, dass seine eigene Generation (die auch die des Autors Bernhard Schlink ist) nicht unschuldig an der Entwicklung ist (vgl. S. 81), so erscheint ihm die Abfolge zwi-

2 Auch wenn er später Maria – ein wenig halbherzig – sogar anbietet, ihr bei dem Attentat zu helfen, damit sie es nicht allein ausführen muss (vgl. S. 83). Zu diesem merkwürdigen Angebot kommt es aber wohl vor allem, weil sich »der Alte« mitverantwortlich fühlt für die Entwicklungen Richtung Autokratie, vgl. weiter unten.

schen Demokratie und Autokratie doch irgendwie auch zwangsläufig. Es lohnt sich, seinen diesbezüglichen Argumenten intensiv nachzuspüren, denn sie sind, recht eigentlich, im Zentrum des Stückes. Und es ist auch kein Zufall, dass hier bis auf Fabian die jungen Leute am intensivsten widersprechen. »Der Alte« führt aus:

> »Demokratie ist anstrengend. Man muss sich kümmern, man muss wählen, man muss sich engagieren, in der Gemeinde, in einer Partei, in der Gewerkschaft, man muss geduldig sein, weil in der Demokratie nicht durchentschieden, sondern ausgehandelt wird, man muss mit Kompromissen leben, manchmal guten, oft schlechten. Nach ein paar Jahrzehnten werden die Menschen all dessen müde. Wenn dann einer kommt und ihnen die Mühen der Demokratie abnimmt, gefällt ihnen das. Es scheint, wir sind wieder so weit. In Ungarn, in Polen, in Amerika, in Österreich – schaut, wohin ihr wollt, die Zukunft ist autoritär.« (S. 62)

Angesichts dieser – nicht zufällig im Präsens formulierten – Vorhersage empfiehlt »der Alte« einen Rückzug ins Private:

> »Ich habe eingangs von Ihren Zukunftsplänen gehört. Wenn Sie sie verwirklichen, haben Sie ein erfülltes Leben vor sich, wie immer es um das Land steht, demokratisch oder autoritär. Das Leben mit Frau oder Mann und Kindern, mit Familie und mit Freunden, mit dem Beruf und den Aufgaben in der Gemeinschaft – das ist das wirkliche Leben. Ergreifen Sie es!« (S. 64)

Nicht nur die Abiturienten sind durch diese Aussagen des namenlos bleibenden »Alten« massiv herausgefordert, auch für Zuschauerinnen und Zuschauer bzw. Leserinnen und Leser dürfte der ›Appellcharakter‹ des Stückes hier am deutlichsten hervortreten und eine Positionierung notwendig werden lassen, denn abseits der möglicherweise unrealistisch wirkenden Frage nach dem Für und Wider eines politischen Attentats sind hier Ebenen des Handelns adressiert, die alltäglich zu nennen sind und eigentlich jeden betreffen. Die Argumentation des »Alten« ist also vor allem auf Lücken hin abzuklopfen – und die gibt es: Schon die These der Ermüdung nach Jahrzehnten der demokratischen Mühen[3] ist problematisch, denn sie impliziert, dass es immer dieselben Menschen sind, die jene vermeintlich auslaugenden Prozesse durchlaufen müssen. Das aber ist nicht zutreffend: Mag es noch nachvollziehbar sein, dass die Generation »des Alten« sich nur noch erschöpft durch das demokratische Klein-Klein schleppt, so ist das ja für junge Leute, die ihr Leben in der Demokratie gerade erst begonnen haben, erst einmal nicht zu vermuten. Wovon sollten sie schon »müde« sein, gerade wenn sie mit dem Erreichen des Wahlalters erst am Anfang ihres demokratischen Lebens stehen und erstmals so etwas wie politische Selbstwirksamkeit verspüren? Und dann ist auch unser mehrfach im Stück angeführter demokratischer Nachbar Polen eigentlich ein wunderbares Gegenbeispiel gegen den unterstellten ›autoritären Trend‹: Nicht nur wurde dort in den letzten Jahren allzu deutlich, dass es ein uneingeschränktes ›priva-

3 Diese Ermüdung sieht er dann freilich auch nach Jahren eines autoritären Regimes kommen (vgl. S. 63).

tes‹ Leben in einer sich zunehmend autokratisch verengenden Gesellschaft nicht geben kann (die massive Einschränkung von Frauenrechten oder die zunehmend diskriminierende Politik gegen Minderheiten haben dies eindrücklich vor Augen geführt und wurden auch hierzulande intensiv wahrgenommen), in Polen ist 2023 auch genau das gelungen, was »der Alte« noch als gänzlich aussichtslos ansieht. Mithilfe einer massiven und vor allem auch von jungen Leuten getragenen demokratischen Bewegung konnte der autoritäre Trend gestoppt und die Regierung der rechtspopulistischen Partei PiS[4] abgewählt werden. Friedlich, ohne »präventiven Tyrannenmord« und erkämpft mit gänzlich demokratischen Mitteln.[5] Damit aber dürfte auch erkennbar sein, dass die Antwort auf die im Zentrum des Stückes stehende Frage nach den Lehren aus der Vergangenheit sich nicht wirklich auf die Bejahung oder Verneinung eines politischen Attentats zuspitzen muss: Es bleiben auch und gerade für die jungen Leute eine Menge Handlungsspielräume, deren Nutzung vielleicht mühsam erscheinen mag und langwierig, aber letztlich doch zielführender ist als der brutale Mord an einem rechtsextremen politischen Führer.

4 Das Kürzel steht für *Prawo i Sprawiedliwość* (poln., ›Recht und Gerechtigkeit‹).

5 Im Übrigen ist auch Fabians Argument, in Polen (wie in Ungarn) kenne man die Demokratie eben nicht und wolle sie daher auch nicht (»Sie hatten noch nie Demokratie, sie kennen das nicht, sie wollen das nicht.«, S. 59), falsch bzw. arg verkürzt: Zum einen gab es natürlich die zumindest anfänglich demokratisch verfasste polnische Republik in den Zwischenkriegsjahren (1918–39), und zum anderen war die friedliche Revolution von 1989 unter der Solidarność selbstverständlich eine, die einen demokratischen Staat zum Ziel hatte.

Diskreditiert ist freilich durch den Handlungsverlauf (und – wenn man so will – auch durch die Wirklichkeit) die unzeitgemäße Didaktik des Geschichtslehrers Gertz: Seine Fokussierung auf die Hitler-Attentate und seine daraus abgeleiteten Lehren sind völlig verfehlt und entlassen die jungen Leute lediglich in Pseudo-Alternativen. Es sind eben nicht die grellen Momente der Geschichte, aus denen sich letztlich die »Orientierungskompetenz«[6] für das eigene Leben gewinnen lässt, es ist vielmehr die Erkenntnis, dass und wie die vielen kleinen (politischen, alltäglichen) Entscheidungen von Millionen Menschen dazu führen, dass demokratische Institutionen wehrhaft bleiben oder eben nicht.

Bernhard Schlinks Drama *20. Juli*, das dürfte deutlich geworden sein, eröffnet somit gerade für metadidaktische Reflexionen im Oberstufenunterricht viele Räume zur Diskussion. Das Stück, das bislang noch seiner Uraufführung harrt,[7] eignet sich ganz sicher auch für eine Inszenierung

6 Der Begriff stammt von Peter Gautschi und ist in den aktuellen geschichtsdidaktischen Konzepten zentral. Dass es allerdings trotz dieser gänzlich anders gelagerten Ansätze, die sich in vielen Curricula der Bundesländer wiederfinden, noch immer auch zu mit falscher Moralität aufgeladenen Unterrichtsversuchen in Zusammenhang mit den Themen Nationalsozialismus und Holocaust kommt, für die Gertz hier paradigmatisch steht, ist dennoch – leider – nicht zu bestreiten.

7 Auch im Feuilleton wurde das Drama nur selten, wenn auch kontrovers thematisiert. Beispielhaft können dafür die überwiegend positive Besprechung im *Deutschlandfunk* durch Catrin Stövesand (vgl. www.deutschlandfunk.de/bernhard-schlink-20-juli-ein-zeit stueck-gedankenspiel-zum-100.html, Stand: 5.1.2024) und die harsche Kritik durch Paul Jandl in der *Neuen Zürcher Zeitung* (vgl.

durch Schultheatergruppen. Die Diskussionen, die sich aus den unterschiedlichen Standpunkten der Schülerinnen und Schüler sowie der anderen Figuren im Text ergeben, dürften das Bewusstsein nachhaltig dafür schärfen, an welchen Stellen beherztes demokratisches Handeln notwendig ist und wie es aussehen kann und muss.

Sascha Feuchert

www.nzz.ch/feuilleton/bernhard-schlink-warnt-vor-einem-neuen-20-juli-ld.1637521, Stand: 5.1.2024) stehen.

Zu den Autoren

Bernhard Schlink, geb. 1944, studierte Jura an der Universität Heidelberg und an der Freien Universität Berlin. Nach der Habilitation 1981 lehrte er als Professor für Öffentliches Recht und Rechtsphilosophie an den Universitäten Bonn, Frankfurt am Main und Berlin. Von 1987 bis 2006 war er zudem Richter am Verfassungsgerichtshof des Landes Nordrhein-Westfalen.

Neben seiner juristischen Tätigkeit ist Schlink seit 1987 auch als Schriftsteller aktiv. Sein Debüt lieferte er mit dem Kriminalroman *Selbs Justiz*, den er gemeinsam mit Walter Popp verfasste. Zahlreiche Erzählungen, Romane und Essays folgten. Besonderen Erfolg erzielte Schlink mit seinem Roman *Der Vorleser*, der 1995 erschien. Mehrfach international ausgezeichnet und 2008 erfolgreich verfilmt, wurde der Roman inzwischen in über 50 Sprachen übersetzt. Zuletzt erschienen die Romane *Die Enkelin* (2021) und *Das späte Leben* (2023). Für sein literarisches Werk wurde Schlink 2001 zum Chevalier de la Légion d'honneur ernannt, 2003 erhielt er das Bundesverdienstkreuz 1. Klasse und 2014 den Park-Kyung-ni-Literaturpreis. *20. Juli* ist sein erstes Theaterstück.

***

Sascha Feuchert, geb. 1971, ist Professor für Neuere deutsche Literatur mit dem Schwerpunkt Holocaust- und Lagerliteratur und ihre Didaktik am Institut für Germanistik an der Justus-Liebig-Universität Gießen. Für sein wissenschaftliches Engagement wurde er mehrfach ausgezeichnet – zuletzt mit dem Copernicus-Preis der Deutschen Forschungsgemeinschaft und der Stiftung für die polnische Wissenschaft.

Inhalt